AF365962

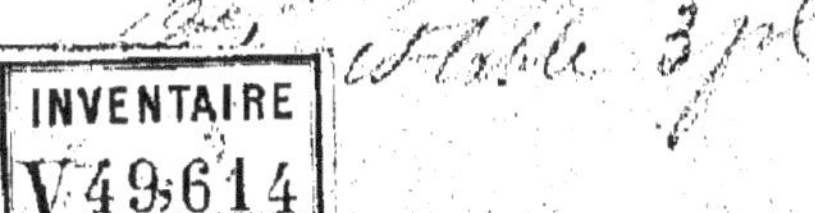

LES

FOUGASSES INSTANTANÉES

OU

LES MINES PROJETANTES SIMPLIFIÉES

PAR

F.-P.-J. PIRON,

CAPITAINE EN PREMIER DU GÉNIE, CHEVALIER DE L'ORDRE DE LÉOPOLD.

*La simplification a pour effet de
rendre les choses plus faciles.
A la guerre, les choses simples sont
seules pratiques.*

C. MUQUARDT.
HENRI MERZBACH, SUCCESSEUR, ÉDITEUR, LIBRAIRE DE LA COUR
ET DE S. A. R. LE COMTE DE FLANDRE.

BRUXELLES — LEIPZIG.

1872

Namur. — Imp. de Nestor Colin, éditeur.

LES FOUGASSES INSTANTANÉES

ou

LES MINES PROJETANTES SIMPLIFIÉES

Les Fougasses Instantanées

ou

LES MINES PROJETANTES SIMPLIFIÉES

PAR

F.-P.-J. PIRON,

CAPITAINE EN PREMIER DU GÉNIE, CHEVALIER DE L'ORDRE DE LÉOPOLD.

*La simplification a pour effet de
rendre les choses plus faciles.
A la guerre, les choses simples sont
seules pratiques.*

C. MUQUARDT.

HENRI MERZBACH, SUCCESSEUR, ÉDITEUR, LIBRAIRE DE LA COUR
ET DE S. A. R. LE COMTE DE FLANDRE.

BRUXELLES — GAND — LEIPZIG.

1872

INTRODUCTION.

Jusqu'ici les mines projetantes ont été considérées comme des travaux d'exercice pour les troupes du génie, plutôt que comme des moyens de défense sérieux; car le temps très-long, et les soins minutieux qu'exigent les entonnoirs préalables que l'on exécute habituellement dans ces mines, sont des obstacles à leur adoption parmi les défenses accessoires efficaces et d'une exécution rapide.

Cependant, on ne peut nier que les mines de projection ne soient un très-puissant succédané des mortiers et des pierriers de l'artillerie. Mais les mineurs ont tort de vouloir imiter par une excavation pratiquée dans la terre, les parois de l'âme des bouches à feu.

On croit que les joues et la tête de l'entonnoir préalable sont nécessaires pour régler le mouvement des projectiles lancés par les fougasses-pierriers et les mines de projection; mais cette croyance repose sur un préjugé, car l'expérience a démontré de la façon la plus évidente que l'entonnoir est démoli par l'explosion du fourneau, et que les débris des joues et de la tête sont lancés avec les projectiles.

En effet, que reste-t-il de l'entonnoir préalable après le jeu d'une fougasse-pierrier? rien que la terre désagrégée par l'explosion sans la moindre trace des parois que l'on prépare d'ordinaire avec tant de soins et sur lesquelles on compte pour diriger les projectiles.

On a essayé, mais sans succès, de pratiquer des entonnoirs préalables susceptibles de servir plusieurs fois. Ces entonnoirs furent revêtus soit en planches, soit en clayonnage; et toujours l'explosion démolissait le revêtement au point d'annuler complétement l'influence que les parois de l'entonnoir pourraient avoir sur la direction des projectiles si elles n'étaient arrachées et lancées en même temps que ceux-ci.

Dans les terrains très-durs et très-résistants, il arrive que les entonnoirs préalables des petites mines de projection restent debout après le jeu du fourneau; mais ce sont là des exceptions qui ne prouvent rien contre ce qui vient d'être dit; car lors même que les joues et la tête restent debout, les terres du fond de l'entonnoir sont toujours assez désagrégées pour rendre le foyer impropre à recevoir une seconde charge qui, jouant alors dans la terre meuble, n'aurait plus assez de puissance pour lancer dans les conditions voulues un nouveau chargement de projectiles. D'ailleurs, des expériences récentes ont prouvé l'inutilité non-seulement des joues et de la tête des fougasses, mais aussi l'inutilité absolue des entonnoirs préalables.

Une fougasse italienne, qui fut employée au siege de Gaëte en 1860-1861 et construite sous le feu de l'assiégé, a été expérimentée par M. le capitaine du génie Eugène, pendant la campagne des travaux pratiques de 1868, au régiment du génie, à Anvers. Cette fougasse se construit plus simplement que la fougasse française et donne cependant d'excellents résultats.

Une fougasse prussienne, dont l'entonnoir préalable

consiste dans un bout de rameau à la hollandaise, joue également d'une façon avantageuse au point de vue du jet des projectiles.

Mais dans les expériences faites sur ces fougasses on a toujours constaté que l'entonnoir préalable était complétement démoli, et que le coffrage en planches du rameau de la fougasse prussienne était lancé au loin avec les projectiles.

Il est donc évident que ce rameau n'a pas d'utilité; cependant il maintient le chargement de pierre sous une forme prismatique en avant du plateau; mais il n'est pas nécessaire de recourir à un rameau pour obtenir ce résultat, puisque l'on peut y arriver au moyen de murs latéraux élevés en pierres sèches.

On lit dans l'Aide-Mémoire de Laisné : » La raideur » des joues de la fougasse, qu'on peut être dans le cas » de diminuer quand on opère en mauvais terrain, a » de l'importance sur l'éparpillement des pierres; mais » l'effet de l'explosion dépend aussi de l'arrangement » même des pierres dont on compose le chargement. » Les pierres comprises dans le prisme droit, qui a » pour base le plateau, reçoivent seules une impulsion » directe parallèle à l'axe de la fougasse; toutes les » autres sont lancées plus ou moins obliquement et » avec plus ou moins de force, selon leur position par » rapport à ce prisme, leur volume et leur densité. »

Il est clair, d'après cette citation que les pierres comprises dans le prisme qui a le plateau pour base, sont les seules qui soient projetées convenablement, et que les pierres qui n'appartiennent pas à ce prisme, sont précisément celles que l'on retrouve semées aux abords de la fougasse et dans des points très-écartés du terrain à battre.

N'est-il pas vraisemblable que des murs latéraux en pierres sèches, élevés à l'aide des plus gros briquaillons ou des moellons les mieux formés, soutiendraient mieux les pierres dans le prisme dont le plateau est la base, que ne peuvent le faire les joues de l'entonnoir préalable qui doivent toujours être inclinées pour éviter les éboulements, et que l'on pourrait supprimer sans préjudice pour la projection ?

Quant au plan de tête que l'on taille en surplomb, et que l'on maintient par un revêtement en gazons dans le cas d'un mauvais terrain, il nous paraît être plus nuisible qu'utile, car il exige un temps et des soins que rien ne justifie.

En effet, si l'on enlevait toutes les terres situées au-dessus du plan du plateau prolongé, la charge étant incrustée dans la terre, on aurait un véritable fourneau à rase du sol ; et, pour être certain que l'explosion ne se produira pas vers le sol naturel, il suffit de remarquer que la ligne de M. R. se trouve dans la ligne de tir, et que la seule précaution à prendre consiste à s'assurer que le rayon d'entonnoir, compté dans le plan du plateau est plus petit que la distance du centre des poudres à l'intersection du plan ci-dessus et du sol naturel.

En général, malgré les soins que l'on apporte dans l'exécution de la tête d'une fougasse, cette tête tombe par l'explosion. Ne vaudrait-il pas mieux la supprimer, puisque sa chute lors de l'explosion démontre qu'elle ne sert à rien ?

Du reste, l'expérience ayant prouvé que les joues et la tête de l'entonnoir préalable ne sont d'aucune utilité, on peut supprimer sans aucune crainte toutes les terres avoisinantes situées au-dessus du plan du plateau ; la fougasse se trouvera ainsi réduite à un simple talus, dans lequel on incrustera la charge que l'on recouvrira du plateau; et, comme l'indique suffisamment la citation de Laisné, on disposera les projectiles sous la forme d'un prisme droit ayant pour base le plateau, et l'on obtiendra une fougasse d'une exécution pour ainsi dire instantanée, car il suffira de quelques minutes pour son établissement.

Alors les fougasses et les mines de projection seront susceptibles d'être utilisées dans les travaux défensifs, et pourront compter au nombre des défenses accessoires les plus efficaces et les plus promptes à établir.

Pour montrer combien cette simplification des mines projetantes aurait d'avantages, formons le tableau des données pratiques relatives aux diverses fougasses en usage.

DÉSIGNATION DES FOURNEAUX PROJETANTS.	Poids de la charge de poudre	Chargement de projectiles.	Temps nécessaire.	Nombre de travailleurs.	Déblais à exécuter.	Portée moyenne.	OBSERVATIONS.
	k	m3	h		m3	m	
Grande fougasse en déblai.	25	3,600	12	10	15	120	Ces données sont
Moyenne » »	12	1,650	0	4	7	65	fournies par l'aide-
Petite » »	4,33	0,500	4	4	»	60	mémoire de Laisné.
Fougasse en remblai.	25	3,600	3	25	28	»	
Grande fougasse rase	25	2,400	3	4	6,500	35	
Moyenne »	13,50	1,250	7	3	3,240	»	
Petite »	7,67	0,667	5	3	1,883	»	
Très-petite »	4,33	0,333	4	2	0,976	»	
Fougasse à feu rasant.	21	3,000	9	4	5,250		
Mine de projection (grande).	34	1060 k	9	4	7	390	Ces données sont
Mine de projection (petite).	2	75 k	4	2	1,800	100	variables.

Or, en supprimant les joues et la tête de ces diverses fougasses, on simplifierait considérablement le travail exigé pour leur exécution, et l'on ferait une grande économie de temps et de travailleurs; car, en terrain horizontal, les déblais n'auraient pour objet que de former le talus nécessaire à l'emplacement de la charge et du plateau; et quand on disposerait d'un talus, le travail se bornerait à incruster la charge, à poser le plateau et à former le chargement de projectiles.

D'après ces dispositions, les plus grandes fougasses n'exigeraient guère plus d'une heure et 3 hommes pour leur exécution, dans le cas où il s'agirait de former un talus. Mais quand on se servira d'un talus existant, l'établissement d'une fougasse ne demandera pas plus d'une demi-heure, et l'on ne mettra que 20 minutes pour exécuter une fougasse moyenne dans un talus; tandis que par l'ancienne méthode on est obligé de sacrifier beaucoup de temps pour atteindre un résultat qu'il serait si facile d'obtenir en quelque sorte instantanément.

Les promesses de notre nouveau système de fourneaux projetants ont paru invraisemblables à un certain nombre de nos camarades du génie. Cependant, les officiers qui ont assisté aux expériences du polygone sont aujourd'hui convaincus de la réalité des avantages que nous annonçons; mais comme tout le monde n'a pas l'occasion d'assister aux travaux pratiques, il reste toujours des incrédules qui ne se rendent que devant des arguments irréfutables.

Mais puisqu'il s'agit de combattre un préjugé, il importe que le corps tout entier ait connaissance des progrès que nous croyons avoir introduits dans l'exécution des fourneaux de projection. Nous pensons qu'il est utile de publier le compte-rendu des résultats obtenus dans les nombreuses expériences faites sur ces fourneaux, et de démontrer que ces résultats ne sont en définitif que des conséquences immédiates de notre théorie des mines.

—

PREMIÈRE PARTIE

THÉORIE DES FOUGASSES ET DES MINES DE PROJECTION.

I.

DÉFINITIONS.

Suivant le Dictionnaire des armées de terre et de mer, par le comte de Chesnel, une *fougasse* est une « mine passagère « que l'on creuse à la hâte dans certains siéges, à 2 ou 3 « mètres sous terre, et qu'on remplit de poudre pour faire « sauter des rochers, des pans de muraille, etc. »

D'après Laisné, on distingue : les fougasses ordinaires, les fougasses à bombes et les fougasses-pierriers, qui elles-mêmes se divisent en fougasses en déblai, en fougasses en remblai, en fougasses rases et en fougasses à feu rasants; et qui toutes ont pour objet principal d'utiliser le travail de projection des fourneaux, soit pour détruire et démoraliser les troupes qui parcourent le terrain dans lequel on a pratiqué des fougasses ordinaires ou des fougasses à bombes, soit pour atteindre à distance et déconcerter les colonnes marchant à l'attaque d'un ouvrage ou d'une position défensive.

Enfin, on nomme spécialement *mine de projection,* une fougasse destinée à lancer un tonneau de poudre ou une bombe, dans les ouvrages qu'on attaque ou dans les positions quelconques occupées par des troupes ennemies.

Parmi ces fougasses spéciales, on remarque encore celles qui servent au jet *des bombes captives*, ou de tout autre projectile attaché par une corde de manière à le faire tomber en un point déterminé; puis enfin, les mines de projection dans lesquelles l'*éclatement du projectile a lieu à volonté*.

Ces variétés de fourneaux projetants reposent sur une idée essentielle qui consiste à utiliser la puissance de projection des fourneaux de mine, à l'exclusion des effets de destruction qui accompagnent ordinairement les explosions, et qui devraient être annulés autant que possible, pour accroitre la force projetante disponible.

La charge des fourneaux projetants pourrait se déterminer par les mêmes principes que ceux qui s'emploient pour la fixation des charges des bouches à feu de l'artillerie; mais on doit avoir égard au milieu compressible, la terre, dans laquelle joue la charge, et aux dégradations que le fourneau éprouve par suite de l'explosion.

Bien que nous ayons étudié la théorie des mines de projection dans notre Manuel théorique du mineur, nous allons envisager cette question sous un nouveau point de vue, et nous allons chercher à établir la théorie des fourneaux projetants sur des principes rationnels qui ramèneront toutes les fougasses et les mines de projection à un seul type de fourneau de mine.

II.

Jusqu'à cette époque, on a enseigné et l'on a cru que, même en augmentant indéfiniment la charge des fourneaux de mines, les entonnoirs ne pouvaient jamais avoir un évasement plus grand que celui qui correspond à $n = 3$; et même, si, dans leurs écrits, quelques mineurs ont admis que l'évasement des entonnoirs peut s'ouvrir jusque $n = 4$, cette opinion n'a été acceptée que sous la forme d'une hypothèse sans aucune utilité pratique.

Cependant, la théorie et l'expérience sont d'accord pour montrer que non seulement l'évasement peut croître jusqu'à la limite déterminée par les fourneaux à rase du sol, mais qu'en outre ces fourneaux sont susceptibles de donner des entonnoirs paraboliques entièrement vidés par l'exploision, que leur puissance de projection est très-considérable par rapport à la projection des autres fourneaux, et que l'évasement des entonnoirs très-surchargés peut aller jusque $n = 10$ et au-delà, comme le prouve des expériences récentes.

Ces données ont été fournies par des fourneaux d'épreuve qu'il est facile de répéter et dont les résultats ne peuvent être mis en doute.

On peut donc admettre aujourd'hui, avec la théorie, que l'évasement des entonnoirs grandit jusqu'au point où la ligne de M. R. devient égale à la moitié du côté de la boîte cubique qui contient la charge; et comme l'expérience a déjà montré que l'on pourrait avoir $n = 10$, on doit admettre également que l'on atteindra la limite théorique, $n = 14$, lorsque les fourneaux à rase du sol seront établis dans des récipients assez résistants pour éviter les explosions à l'air libre.

Quant aux avantages que la pratique des mines peut rencontrer dans l'emploi des fourneaux très-surchargés, ils sont nombreux; et, sans vouloir les examiner tous ici, nous allons appliquer ces fourneaux aux mines projetantes en cherchant à résoudre la question suivante :

Quels sont les fourneaux les plus favorables au jeu des mines projetantes ?

Pour répondre à cette question, nous rappellerons que le jeu d'un fourneau de mine comprend trois effets généraux, savoir : 1° l'effet de compression; 2° l'effet de désagrégation et 3° l'effet de projection.

En représentant par C', C'' et C''' les quantités de poudre qui concourent respectivement à ces trois effets généraux, la charge totale C aura pour expression.

$$C = C' + C'' + C''' \qquad (1)$$

Or, il est évident que pour des charges égales à C, jouant dans le même milieu mais à des profondeurs différentes, le fourneau le plus favorable à la projection sera celui dans lequel la portion C''' sera un maximum et où les parties C' et C'' seront des minima. Mais il reste à trouver dans quel cas ces conditions seront remplies.

D'après notre théorie des mines, pour les charges jouant en terre ordinaire, on a

$$C' = 0,28\, h^3 \qquad (2)$$

$$C'' = 0,942\, h^3\, n^3 \left[\frac{n^2}{10\, (\sqrt{n^2 + 1} - 1)^2} + \frac{1}{3} \right] \qquad (3)$$

$$C''' = 0,151 \, h^3 \, n^3 \left(1 + \sqrt{n^2 + 1}\right) \qquad (4)$$

Si l'on calcule ces valeurs par une suite de fourneaux ayant la même charge totale C, mais dont les lignes de $M.\ R.$ soient en rapport avec les évasements correspondants aux diverses valeurs de n, depuis $n = 0$, jusque $n = 14$, qui est la limite des fourneaux à rase du sol, on aura le moyen d'observer la loi suivant laquelle les charges partielles C', C'' et C''' varient, et l'on pourra répondre à la question que nous avons posée.

En effet, puisque pour $n = 0$, les charges partielles C'' et C''' sont nulles, et que pour $n = 14$, C' doit devenir très-petit relativement à C'' et C''', ces charges partielles passeront par tous les états de grandeur compris entre ces limites.

Dès lors, il suffira d'enrégistrer toutes les valeurs obtenues de manière à en former un tableau accompagné d'un diagramme, pour trouver à simple vue la solution demandée.

III.

FORMULES A EMPLOYER POUR CALCULER LES CHARGES PARTIELLES RELATIVES AUX EFFETS GÉNÉRAUX.

Pour calculer les valeurs de h qui correspondent aux diverses valeurs de n considérées, on prendra l'expression générale de la charge totale C.

$$C = \varphi(n)\, h^3$$

d'où l'on tirera

$$h = \sqrt[3]{\frac{C}{\varphi(n)}}$$

Pour connaître $\varphi(n)$, on pourra recourir à la formule générale des charges, ou bien l'on prendra la formule de guerre,

$$C = 0{,}15 \left[n^4 + 4\,n^3 + 3\,n + 2 \right] h^3$$

qui donnera

$$h = \sqrt[3]{\frac{C}{0{,}15\,[n^4 + 4\,n^3 + 3\,n + 2]}}$$

On pourrait également, en se servant des tableaux de notre Manuel théorique du mineur, faire usage des formules :

$$C = 1{,}50\, h^3\, x$$

$$C = M . n^3 h^3$$

qui donnent respectivement :

$$h = \sqrt[3]{\frac{C}{1,50\, x}}$$

$$h = \sqrt[3]{\frac{C}{M\, n^3}}$$

Connaissant les valeurs de h pour les diverses valeurs de n, on trouvera aisément, au moyen des formules (2), (3) et (4) de l'art. précédent, les valeurs correspondantes de C', C'' et C''', relatives aux effets généraux.

IV.

DIAMÈTRES, HAUTEURS, SURFACES ET VOLUMES DES ENTONNOIRS POUR
DIVERSES VALEURS DE n ET POUR UNE CHARGE CONSTANTE.

Pour pouvoir comparer les fourneaux entre eux, il ne suffit pas d'en connaître les charges, les valeurs de h et celles de n qui s'y rapportent, il faut en outre posséder des données suffisantes sur la configuration des entonnoirs pour qu'il soit possible d'en apprécier le diamètre, la hauteur, la surface et le volume; car c'est au moyen de ces données que nous pourrons établir la loi suivant laquelle les effets généraux varient, et que nous serons à même de démontrer combien les fourneaux très-surchargés offrent d'avantages sous le rapport des effets de projection.

Il y a donc lieu de rappeler ici quelques-unes des formules relatives aux entonnoirs paraboliques :

Le diamètre d'un entonnoir s'exprimant par la formule connue $2\,r = 2\,n\,h$, pour un fourneau quelconque, et le rayon d'explosion étant représenté par $h\sqrt{n^2+1}$, on sait que l'on obtient le demi paramètre de la parabole génératrie en retranchant la ligne de $M.\ R.$ du rayon d'explosion. De sorte que l'on a

$$p = h\,[\sqrt{n^2+1} - 1]$$

La hauteur de l'entonnoir étant égale à la ligne de $M.\ R$ augmentée du quart du paramètre, on aura

$$h + \frac{p}{2} = h + \frac{h}{2}\left[\sqrt{n^2 + 1} - 1\right] = \frac{h}{2}\left[1 + \sqrt{n^2 + 1}\right]$$

Quant à la surface de l'entonnoir parabolique, on l'obtient aisément par la méthode des quadratures, en prenant l'équation de la parabole $y^2 = 2\,p\,x$, et en se rappelant l'intégrale suivante :

$$S = \int_0^y 2\,\pi\,y\,ds \tag{1}$$

L'arc $ds = \sqrt{(dx)^2 + (dy)^2} = \frac{dy}{p}\sqrt{y^2 + p^2}$; d'où

$$S = \int \frac{2\,\pi}{p}\,y\,dy\,\sqrt{y^2 + p^2} \tag{2}$$

En posant $y^2 + p^2 = z$, on a $2\,y\,dy = dz$, et l'intégrale devient

$$S = \int \frac{\pi}{p}\,dz \cdot z^{\frac{1}{2}} = \frac{2\,\pi}{3\,p}\,z^{\frac{3}{2}} \tag{3}$$

Remplaçant z par sa valeur

$$S = \frac{2\,\pi}{3\,p}\left[y^2 + p^2\right]^{\frac{3}{2}} + C$$

Pour $y = 0$, $S = 0$ et l'on a $C = -\frac{2\,\pi}{3\,p} \cdot p^3$; par conséquent la surface cherchée sera

$$S = \frac{2\,\pi}{3\,p}\left[(y^2 + p^2)^{\frac{3}{2}} - p^3\right] \tag{4}$$

Mais puisque $y = n\,h$, et $p = h\,(\sqrt{n^2 + 1} - 1)$, on aura en substituant ces valeurs dans (4) :

$$S = \frac{2\,\pi\,h^2}{3}\left\{\frac{\left[n^2 + (\sqrt{n^2 + 1} - 1)^2\right]^{\frac{3}{2}}}{\sqrt{n^2 + 1} - 1} - (\sqrt{n^2 + 1} - 1)^2\right\} \tag{5}$$

— 21 —

Pour appliquer la formule (5), connaissant n, on calcule d'abord n^2 et $\sqrt{n^2 + 1}$, on effectue ensuite les opérations indiquées, en remplaçant π par sa valeur 3.14 et l'on obtient la surface de l'entonnoir en fonction de la ligne de M. R.

Enfin, pour le volume de l'entonnoir parabolique, on prendra la moitié du cylindre de même base et de même hauteur

$$V = \tfrac{1}{2} \pi y^2 x \tag{1}$$

En remarquant que $y = nh$, et que $x = \dfrac{h}{2}\left[1 + \sqrt{n^2 + 1}\right]$ on aura

$$V = \tfrac{1}{4} \pi n^2 h^3 (1 + \sqrt{n^2 + 1}) \tag{2}$$

Réunissons maintenant dans un tableau les valeurs exprimées par ces formules calculées pour diverses valeurs de n et de h, en prenant C constant et égal à 27 kilogrammes de poudre.

Valeurs de n	Lignes de M. R.	Demi-paramètre p	Surface de l'entonnoir	Volume de l'entonnoir	Valeur du rayon de l'entonnoir	Valeur de C	Valeur de C'	Valeur de C''
	m.	m.	m².	m³.	m.	k.	k.	k.
1	2,61	1,08	41,19	33,676	2,61	4.978	15,584	6,438
2	1,46	1,80	40,40	31,488	2,92	0,871	14,045	12,084
3	0,96	2,07	36,25	26,023	2,88	0,248	11,735	15,017
4	0,70	2,19	33,44	22,052	2,80	0,096	9,915	16,989
5	0,54	2,213	30,01	18,796	2,70	0,044	8,892	18,064
6	0,436	2,216	27,82	16,614	2,62	0,023	7,704	19,213
7	0,362	2,198	26,36	14.573	2,53	0,013	7,272	19,715
8	0,308	2,175	23,97	13.204	2,46	0,008	6,814	20,178
9	0,268	2,159	23,28	12,147	2,41	0,0053	6,0797	20,945
10	0,234	2,117	22,07	11,276	2,34	0,0036	5,4034	21 593
11	0,208	2,089	20,76	10,293	2,29	0,0025	5,2915	21,706
12	0,187	2,065	19,95	9,795	2,24	0,0018	4,82065	22,178
13	0,169	2,034	18,64	8,993	2,20	0,00135	4,56565	22,433
14	0,155	2,020	16,93	8,604	2,17	0,00112	4,00188	22,997

V.

RAPPORT ENTRE LA CHARGE TOTALE C ET LA CHARGE PARTIELLE C''' UTILISÉE DANS LA PROJECTION, POUR LES DIVERSES VALEURS DE n.

Le tableau, page 21, donne pour une charge constante $C = 27$ kilogrammes, et pour les diverses valeurs de n, la ligne de $M. R.$, le demi-paramètre, le diamètre, la surface et le volume de l'entonnoir parabolique, ainsi que les valeurs de C', de C'' et de C''' correspondantes.

L'examen de ce tableau démontre :

1° Que la ligne de $M. R.$ diminue à chaque augmentation de la valeur de n;

2° Que le paramètre de l'entonnoir parabolique atteint son maximum pour $n = 6$;

3° Que le plus grand diamètre de l'entonnoir correspond à $n = 2$; que le diamètre de l'entonnoir du fourneau ordinaire est le même que le diamètre de l'entonnoir du fourneau correspondant à $n = 6$; et que pour $n = 14$, le diamètre de l'entonnoir est d'environ un *sixième* plus petit que le diamètre de l'entonnoir du fourneau ordinaire;

4° Que la surface et le volume de l'entonnoir parabolique ont leurs plus grandes valeurs pour $n = 1$, et que ces valeurs vont en décroissant en même temps que n augmente;

5° Que la surface de l'entonnoir parabolique est presque *deux fois et demie* aussi grande pour $n = 1$ que pour $n = 14$;

6° Que le volume de l'entonnoir du fourneau ordinaire est environ *quatre* fois aussi grand que le volume de l'entonnoir du fourneau à rase du sol;

7° Que les valeurs de C' et de C'' vont en décroissant depuis $n = 1$ jusque $n = 14$, tandis que C''' croît avec rapidité depuis le fourneau ordinaire jusqu'au fourneau à rase du sol;

8° Que dans le fourneau ordinaire, les *trois quarts* environ de la charge sont consommés pour la compression et la désagrégation;

9° Que dans le fourneau à rase du sol, les *six septièmes* environ de la charge sont disponibles pour la projection;

10° Qu'enfin, la puissance de projection du fourneau à rase du sol est plus de *trois fois et demie* aussi grande que la puissance de projection du fourneau ordinaire.

En conséquence, on reconnaîtra que les données du tableau précédent prouvent que *le fourneau à rase du sol est celui qui, pour une charge constante, possède la plus grande force de projection.*

Bien que cette règle ait été obtenue à l'aide d'une application particulière, la loi de similitude nous permet de conclure du cas particulier au cas général, attendu que pour une même valeur de n, tous les fourneaux sont semblables. Donc la règle qui vient d'être énoncée est d'une généralité absolue.

VI.

PROBLÉME.

TROUVER LE RAPPORT ENTRE LES PORTÉES DE DEUX FOUGASSES-PIER-
RIERS ETABLIES DANS UN TALUS, TIRANT SOUS LE MÊME ANGLE,
AYANT MÊMES CHARGES DE POUDRE ET MÊMES CHARGEMENTS DE
PROJECTILES ; MAIS DONT L'UNE, FIG. II, EST PRÉPARÉE AU MOYEN
D'UN ENTONNOIR PRÉALABLE, ET DONT L'AUTRE, FIG. III, EST DIS-
POSÉE A L'AIDE D'UN FOURNEAU A RASE DU TALUS ?

Nommons respectivement, pour $n = 1$ et $n = 14$:

C_1''' et C_{14}''' les charges partielles qui soht consommées dans la projection ;

V_1 et V_{14} les volumes des entonnoirs paraboliques ;

V_1' le volume de l'entonnoir tronconique du fourneau ordinaire ;

φ le poids du mètre cube de terre ;

P le poids du chargement de projectiles ;

t_1'' et t_{14}'' les quantités de travail développées dans la projection ;

Q l'équivalent mécanique de la poudre.

On aura pour la fougasse en fourneau ordinaire,

$$t_1'' = \frac{C_1'''}{Q} \tag{1}$$

Et pour la fougasse en fourneau à rase du talus,

$$t_{11}'' = \frac{C_{11}'''}{Q} \tag{2}$$

Disignons respectivement par H_1 et H_{11} les hauteurs correspondantes pour les vitesses initiales qui donnent les portées, et nous aurons deux autres expressions des quantités de travail

$$t_1'' = \left[(V_1 - V_1')\,\varphi + P \right] H_1 \tag{3}$$

$$t_{11}'' = \left[V_{11}\,\varphi + P \right] H_{11} \tag{4}$$

Egalant (1) à (3) et (2) à (4), puis tirant les valeurs de H_1 et H_{11}, nous aurons pour exprimer le rapport demandé

$$\frac{H_{11}}{H_1} = \frac{\dfrac{C_{11}'''}{Q\,[V_{11}\,\varphi + P]}}{\dfrac{C_1'''}{Q\,[(V_1 - V_1')\,\varphi + P]}}$$

$$\frac{H_{11}}{H_1} = \frac{[(V_1 - V_1')\,\varphi + P]\,C_{11}'''}{[V_{11}\,\varphi + P]\,C_1'''} \tag{5}$$

Or, on sait que le rapport entre le volume du cône tronqué et le paraboloïde de l'entonnoir du fourneau ordinaire, est égal à 0,967, ce qui donne $V_1' = 0,967\,V_1$.

On sait également que $C_{11}''' = 3.50\,C_1'''$; et que le volume $V_1 = 4\,V_{11}$.

On aura donc, après réduction

$$\frac{H_{11}}{H_1} = \frac{[0,132\,V_{11}\,\varphi + P]\,3,50}{V_{11}\,\varphi + P} \tag{6}$$

Posons $V_{11}\,\varphi = a\,P$, il viendra

$$\frac{H_{11}}{H_1} = \frac{(1 + 0,132\,a)\,3,50}{a + 1} \tag{7}$$

L'équation (7) ramène la question à la recherche de la valeur de a, qui convient au rapport demandé.

Supposons que les portées soient égales. On aura $H_{11} = H_1$ et l'on aura à résoudre l'équation

$$(1 + 0,132\, a)\, 3,50 = a + 1$$

qui donnera

$$a = 4,65 \text{ environ.}$$

Ainsi, les portées seront égales pour les deux fougasses-pierriers, lorsque le chargement de projectile satisfera à l'équation $V_{11}\, \varphi = 4,65\, P$; c'est-à-dire quand le poids des terres de l'entonnoir parabolique du fourneau à rase du talus sera égal à quatre fois et demie environ le poids du chargement de projectiles.

Reprenons le rapport exprimé par l'équation (7), et calculons ce rapport pour une suite de valeurs de a. Nous aurons d'abord,

$$\frac{H_{11}}{H_1} = \frac{(1 + 0,132\, a)\, 3,50}{a + 1}$$

Puis,

$$\frac{V_{11} . \varphi}{P} = a$$

Faisons successivement a égal à 1, 2, 3, 4, 5, 6, 7, 8, 9 et 10; remplaçons ensuite a par sa valeur et formons le tableau des résultats fournis par les calculs.

Les formules à calculer sont générales; mais, pour rendre plus facile l'appréciation des variations du rapport des portées et du chargement, nous inscrirons les valeurs de P correspondant à celles de a pour la charge constante de 27 kilogrammes de poudre, en observant que dans ce cas, on a $V_{11}\, \varphi = 15996$ kilogrammes, puisque $\varphi = 1800^k$.

VALEURS de $\dfrac{V_{14}?}{P}$ ou a.	POIDS DU CHARGEMENT ou P.	VALEUR DU RAPPORT DES PORTÉES ou $\dfrac{H_{14}}{H_1}$	VOLUME DE PIERRES CORRESPONDANT A P, EN SUPPOSANT QUE LE MÈTRE CUBE PÈSE 1250 KILOG.
	Kilogrammes.		Metres cubes.
1	15996,00	1,981	12,797
2	7998,00	1,474	6,398
3	5332,00	1,222	4,266
4	3999,00	1,070	3,199
4,65	3440,00	1,000	2,832
5	3199,20	0,968	2,559
6	2666,00	0,896	2,133
7	2285,14	0,842	1,828
8	1999,50	0,800	1,599
9	1777,33	0,766	1,422
10	1599,60	0,738	1,280

Ce tableau nous fait voir que depuis $a = 1$ jusque $a = 4$, la portée de la fougasse à rase du talus est beaucoup plus grande que celle de la fougasse ordinaire; que pour $a = 4,65$, les portées sont égales dans les deux espèces de fougasses; et que, passé cette limite, la différence des portées est en faveur de la fougasse ordinaire.

Mais remarquons que la différence qui est en faveur de la fougasse à rase du talus, est bien plus grande que la différence qui est favorable à la fougasse ordinaire. En effet, on voit, que pour les forts chargements de projectiles, la portée H_{14} peut devenir environ *deux fois* la portée H_1; et que pour les faibles chargements, H_1 ne peut, dans les écarts égaux, augmenter que de un quart de H_{14} environ.

Mais, il y a plus, c'est que les faibles chargements ne sont jamais utilisés dans la pratique, pour de très-fortes charges de poudre. En effet, en consultant l'Aide-Mémoire de Laisné, on constate que pour 25 kilogrammes de poudre, le poids du chargement de projectiles n'est jamais plus petit que 3000 kilogrammes, et que, par suite de la similitude des fourneaux de même évasement, la charge que nous avons prise, 27^k, correspond à un chargement de 4860 kilogrammes. Dans ce cas, on voit à l'inspection du tableau que $H_{11} = 1,25\ H_1$ environ. C'est-à-dire que dans tous les cas de la pratique, la portée de la fougasse établie en fourneau à rase du talus sera plus grande que la portée de la fougasse exécutée dans l'entonnoir d'un fourneau ordinaire.

Mais il faut, évidemment, pour que la comparaison soit possible, que les charges et les chargements soient identiques; en outre, il faut compter la portée en prenant la distance du foyer de la fougasse au centre de gravité de la masse des projectiles tombés, car il serait inexact de prendre comme portée la distance à laquelle tombent quelques pierres perdues dans l'éparpillement des projectiles de l'ancienne fougasse, tandis que le chargement de la fougasse à rase du talus s'éparpille beaucoup moins et tombe en concentrant davantage les projectiles sur le terrain à battre.

En conséquence de ce qui vient d'être démontré, on peut affirmer que, pour les valeurs moyennes de a, les nouvelles fougasses ont une portée plus grande que celle de l'ancienne fougasse; et l'on voit, d'après le tableau ci-dessus, que pour de faibles charges ou de lourds chargements, H_{11} peut devenir $1,25\ H_1$, $1,50\ H_1$ ou même $2\ H_1$ environ.

Ainsi la nouvelle fougasse, outre la rapidité et la simplicité qu'elle présente dans son exécution, possède encore l'avantage d'avoir une portée moyenne supérieure à celle de l'ancienne fougasse.

VII.

LOI DE SIMILITUDE DES FOUGASSES ET DES MINES DE PROJECTION.
RAPPORTS DES CHARGES, DES CHARGEMENTS ET DES PORTÉES.

Il existe, sur la portée des fougasses et des mines de projection, un préjugé que nous croyons devoir combattre. On pense, généralement, que les portées sont comme les charges, et que, dans une grande fougasse, l'amplitude est nécessairement plus grande que dans une petite fougasse. Mais il est bon de remarquer que la loi de similitude pose des limites au rapport des charges et des portées, et comme ces limites ne sont pas les mêmes pour les deux espèces de fourneaux projetants, nous allons en faire l'examen.

Remarquons d'abord que dans le tir des bouches à feu dites semblables, les vitesses initiales et les portées sont égales pour la pièce de 24, pour celle de 16 et celle de 12 de place, tirées à la charge du quart. En effet, on trouve dans l'Aide-Mémoire de Laisné :

1º Le boulet de 24 tiré à la charge du *quart*, reçoit une vitesse initiale de 547 mètres;

2º Le boulet de 16 tiré à la charge du *quart*, reçoit une vitesse initiale de 551 mètres;

3º Le boulet de 12 (place) tiré à la charge du *quart*, reçoit une vitesse initiale de 566 mètres.

Or, les bouches à feu dont il s'agit, ayant respectivement pour longueur les nombres de calibres : 20,67; 22,85; 23,65, on voit que les faibles différences qu'on observe dans les vitesses initiales doivent être attribuées aux différences des longueurs des canons qui, par suite des nécessités du service, ne sont pas rigoureusement des bouches à feu semblables, mais qui ne s'éloignent pas assez des lois de similitude pour qu'on ne puisse faire usage des données expérimentales que leur tir procure.

Les vitesses initiales étant sensiblement les mêmes, les portées ne doivent guère différer.

L'Aide-Mémoire de Laisné donne, en effet, ce qui suit :

1° Le canon de 24 pointé à 46°, avec la charge du *tiers*, porte à 4400 mètres;

2° Le canon de 16 pointé à 46°, avec la charge du *tiers*, porte à 4000.

Evidemment, ces deux canons tirant dans des conditions identiques, peuvent être considérés comme étant des fourneaux semblables. Cependant les portées ne sont pas proportionnelles aux charges, ni aux poids des projectiles. En effet, on a :

1° Rapport des poids des projectiles, $= \dfrac{12}{8} = 1,500$

2° Rapport des poids des charges, $= \dfrac{4}{2,666} = 1,500$

3° Rapport des portées, $\dfrac{4,400}{4,000} = 1,100$

Ces rapports prouvent donc que les portées ne sont pas proportionnelles aux charges dans les bouches à feu semblables.

Mais l'analogie est applicable ici, et l'on peut déduire des faits renseignés ci-dessus, que les portées sont constantes dans les fourneaux semblables. Bien entendu que nous ne parlons que de la portée du *centre de gravité* de la massse projetée, sans tenir compte de la résistance de l'air.

Du reste, l'équation des quantités de travail démontre théoriquement les faits que l'expérience confirme.

La hauteur de projection dans un fourneau étant $n\,H$, on a pour le travail effectué

$$n\,H \times P = \frac{P\,V^2}{2\,g} \qquad (1)$$

d'où

$$n\,H = \frac{V^2}{2\,g} \qquad (2)$$

Or, d'après ce qui précède, les vitesses initiales sont les mêmes pour les fourneaux semblables; donc, dans l'expression (2), V et g étant constant, $n\,H$ est invariable pour une même valeur de n.

Cette loi est générale, car si l'on prend l'expression de la portée

$$X = \frac{V^2\,\sin 2\,\alpha}{g}$$

et qu'on y remplace v^2 par sa valeur $2\,g\,H$, on aura en faisant $H = n\,H_1$, $X = 2\,n\,H_1\,\sin 2\,\alpha$.

Donc, on peut conclure *que dans les fougasses semblables, ou dans les mines de projection semblables, les portées sont constantes.*

Mais il faut se rendre compte de ce que l'on doit entendre par fougasses semblables. Les fourneaux de mines sont semblables, quand leur évasement correspond à la même valeur de n. Dans ce cas, les volumes des entonnoirs et les charges sont comme les cubes des lignes homologues.

Pour les fougasses et les mines de projection, outre ces caractères de similitude, il faut que les poids des chargements de projectiles soient proportionnels aux charges, et que de plus, les dispositions de la mine correspondent à des solidés ou à des figures semblables, soit qu'on emploie des entonnoirs préalables, soit qu'on fasse usage des fourneaux à rase du talus pour lancer les projectiles.

Il est également utile que l'on tienne compte de la nature des projectiles, de leurs formes, de leurs poids et de leurs densités, ainsi que des propriétés plus ou moins avantageuses du terrain dans lequel joue la charge de poudre.

En reprenant les formules (1), (2), (3), (4), du problème de l'art. VI, nous aurons pour exprimer les charges partielles relatives à la projection :

1° Pour la nouvelle fougasse :

$$C_{14}''' = Q\left[V_{14}\,\varphi + P\right]\frac{X_{15}}{2}$$

2° Pour l'ancienne fougasse :

$$C_{1}''' = Q\left[(V_{1} - V_{1}')\,\varphi + P\right]\frac{X_{1}}{2}$$

Examinons ce que deviennent les portées, dans les deux systèmes de fougasses, pour une charge constante de 27^k de poudre et un chargement variable P, depuis $P = 0$, jusque $P = V_{14}\,\varphi$ et $P = (V_{1} - V_{1}')\,\varphi$. On aura d'abord, avec une approximation suffisante :

Pour la nouvelle fougasse :

$$C_{14}''' = \frac{6}{7}\,C$$

$$V_{14}\,\varphi = 16,000^{\,k}$$

$$C = \frac{7}{6}\,Q\left[16,000 + P\right]\frac{X_{14}}{2}$$

Pour l'ancienne fougasse :

$$C_{1}''' = \frac{1}{4}\,C$$

$$(V_{1} - V_{1}')\,\varphi = 2,000^{k}$$

$$C = 4\,Q\left[2,000 + P\right]\frac{X_{1}}{2}$$

Faisons l'équivalent mécanique de la poudre $Q = 0^k,00003$ dans les deux cas, et tirons les valeurs de X_{14} et de X_{1}; il viendra, en remplaçant C par 27^k :

$$X_{14} = 57143 \times \frac{27}{16000 + P}$$

$$X_{14} = \frac{1502861}{16000 + P}$$

$$X_{1} = 16666 \times \frac{27}{2000 + P}$$

$$X_{1} = \frac{449982}{2000 + P}$$

En faisant P égal à zéro, nous aurons le cas particulier où la nouvelle fougasse serait réduite à un fourneau à rase du talus, sans chargement de projectile; pour l'ancienne fougasse, le fourneau jouerait au fond d'un entonnoir préalable tronconique, n'ayant à projeter que les terres comprises dans la différence des volumes $V_1 - V_1'$. Ce cas nous donnera la limite supérieure de chaque portée.

Pour la limite inférieure, nous prendrons le cas où le chargement P deviendrait égal à $V_{14}\,\varphi = 16,000$ kilogrammes dans les deux fougasses.

TABLEAU COMPARATIF DES VALEURS THÉORIQUES DE X POUR UNE CHARGE CONSTANTE JOUANT DANS LES DEUX SYSTÈMES DE FOUGASSES, ET POUR DES CHARGEMENTS VARIANT DEPUIS $P = 0$ JUSQUE $P = 16000$ KILOGRAMMES.

VALEURS de P.	VALEURS de X_{14}	VALEURS de X_1.	VALEURS de P.	VALEURS de X_{14}	VALEURS de X_1.
kil.	mètres.	mètres.	kil.	mètres.	mètres.
0	93,928	224,991	9000	60,112	40,907
1000	84,404	149,994	10000	57,803	37,498
2000	83,492	112,495	11000	55,662	34,614
3000	79,097	89,996	12000	53,674	32,141
4000	75,143	74,997	13000	51,823	29,999
5000	71,565	64,283	14000	50,095	28,124
6000	68,312	56,248	15000	48,479	26,469
7000	65,340	49,998	16000	46,964	24,999
8000	62,202	44,998			

Il y a lieu de remarquer ici que les valeurs de X représentent les amplitudes pour les centres de gravité des masses projetées.

Or, pour $n = 14$, la masse projetée étant beaucoup plus grande que dans le cas de l'entonnoir préalable, cette masse ne peut fournir la même portée dans les deux cas, sauf quand $P = 4000$ environ.

Mais, il est évident que la masse totale comprenant le poids des terres de l'entonnoir, l'amplitude du centre de gravité ne peut être la même que celle des projectiles, dont la densité et la forme particulière influent sur la résistance de l'air.

VIII.

RECHERCHES SUR UNE FORMULE PRATIQUE POUR CALCULER
LES CHARGES DES FOUGASSES ET CELLES DES MINES DE PROJECTION.

L'inspection du tableau comparatif des portées et le diagramme qui en est la traduction font voir que les portées des nouvelles fougasses, pour une charge constante et un chargement variable depuis $P = o$ jusque $P = V_{11}\ \varphi = 16000^k$, ne varient que depuis $88^m,404$ jusque $46^m,964$; et que pour les anciennes fougasses les portées s'étendent depuis $224^m,991$ jusque $24^m,999$, dans des conditions analogues.

Mais en examinant ces nombres, il y a lieu de faire remarquer qu'à partir du point où le chargement P devient assez grand pour se rapprocher des données de la pratique, les portées de la nouvelle fougasse sont supérieures à celles de l'ancienne fougasse; et que depuis ce point, le chargement devenant de plus en plus petit, la charge de poudre de 27^k se trouve à son tour de plus en plus exagérée eu égard à la légèreté du chargement P.

Cependant, les grandes portées indiquées dans le tableau ne sont pas les amplitudes les plus grandes que l'on puisse obtenir, et l'expérience prouve que la charge de 27^k placée dans un entonnoir moins excavé donnerait une portée beaucoup plus considérable dans une mine de projection destinée à lancer un chargement de 300 à 400^k.

Toutefois, ces portées théoriques se rapportent à l'amplitude du centre de gravité de la masse projetée, masse qui se compose :

1° Des terres de l'entonnoir;
2° Du plateau;
3" Des projectiles proprement dits.

Or, il est bien entendu que cette manière de juger de la portée n'est nullement d'accord avec celle qui est en usage dans les travaux du polygone, où l'on ne s'occupe que de la distance à laquelle tombe le centre de la masse des pierres lancées par les fougasses, ou du point de chute du projectile, tiré dans une mine de projection, sans avoir égard à la masse de terre projetée qui recouvre en partie le terrain environnant après l'explosion, et sans attacher d'importance au point de chute du plateau dont le poids entre cependant pour une portion notable dans le poids du chargement.

Aussi les formules en usage pour calculer la charge des fourneaux projetants sont-elles toujours en défaut, car elles préjugent de la portée du centre de gravité, et, en fait, on ne tient compte que de l'amplitude du projectile proprement dit.

En réalité, on devrait tenir compte de trois portées : celle des terres, celle du plateau et celle du projectile à lancer. Mais il est impossible de distinguer ainsi les amplitudes de trois masses en mouvement avec des vitesses différentes et inconnues.

En tous cas, la question des fougasses et des mines de projection, déjà si compliquée, n'en deviendrait que plus obscure; et il serait bien plus avantageux sous le rapport de la pratique, de chercher le moyen de calculer la charge de poudre en fonction du chargement, sans se baser sur l'amplitude théorique qui, pour les fourneaux semblables, est constante, et qui, par suite de causes nombreuses et inévitables, ne s'obtient jamais telle qu'on le désire.

En effet, dans les expériences faites en 1851 à Guadalajara, on voit, par exemple, une charge de $9^k,20$ et un chargement constant formé d'un même plateau et d'un même baril pesant ensemble $126^k,50$, fournir les portées différentes : $408^m,64$, $311^m,71$, $445^m,09$; puis, le même chargement et une charge de poudre de $6^k,90$ donner une portée de $378^m,68$; ensuite le même chargement et la charge de $9^k,20$, ne donner en changeant de terrain, que des portées de $399^m,88$ et $388^m,29$; enfin, on voit encore dans ces expériences, la charge de $18^k,40$ et le chargement de $293^k,25$, fournir les portées de $282^m,32$, $288^m,82$, $494^m,55$, $424^m,47$, $480^m,42$, $467^m,99$; et ce dernier chargement, pour une charge de 23^k de poudre, donner une portée de $616^m,92$.

Dans une série d'expériences faites en janvier 1870, au polygone du régiment du génie, pour une charge de $2^k,00$ de poudre et un chargement de 103 briques pesant avec le plateau $145^k,00$, nous avons obtenu les portées moyennes de $65^m,00$, $20^m,00$, $30^m,00$, $31^m,50$, $46^m,00$.

Une augmentation du tiers ou de la moitié de la charge n'a guère modifié les limites de la portée. Ces mines étaient, il est vrai, pratiquées dans un terrain très-peu consistant, et les fourneaux étaient à rase du talus; la première mine, cependant, se trouvait dans un bon terrain coquiller, et la portée moyenne, comme on vient de le voir, a été de 65 mètres.

Une expérience faite le 17 mai 1830, à deux lieues de Metz, a permis de lancer un chargement de 1060^k composé d'un plateau pesant 230^k, et d'un tonneau rempli de poudre d'un poids de 830^k, au moyen d'une mine de projection chargée de 34^k de poudre. Le plateau tomba à 270 mètres, le tonneau à 390 mètres.

Nous pourrions citer encore un très-grand nombre d'expériences, afin de prouver la variation des portées pour une même charge et un même chargement, et l'impossibilité dans laquelle on se trouve d'obtenir, en réalité, les portées que l'on inscrit dans une formule pour calculer la charge d'un fourneau projetant; mais il nous paraît suffisamment démontré par la pratique :

1° Que le rapport entre le poids de la charge et le poids du chargement n'est pas constant, soit pour donner une même portée dans le même terrain à des masses différentes, soit pour donner la même portée à des masses égales dans divers terrains;

2° Que ce rapport diminue dans un même terrain avec le chargement sans que la portée diminue proportionnellement;

3° Que plus le terrain offre de consistance, moins la charge du fourneau projetant doit être considérable, pour produire le même effet sur les masses à projeter.

Ainsi, en prenant pour expression générale de la charge des fourneaux projetants,

$$C = M\ P\ X$$

formule dans laquelle C représente le poids de la charge de poudre, p le poids du chargement, X la portée et M un coefficient d'expérience, on aura le rapport

$$\frac{C}{p} = M\ X$$

qui variera avec la valeur de M, puisque X est constant par hypothèse.

On a cherché à composer des formules dans lesquelles on pourrait tenir compte de la consistance du terrain, de la résistance de l'air, de la forme des projectiles, etc.; mais on s'est fait illusion sur la valeur pratique de ces formules; non-seulement les moyens d'observation manquent pour apprécier les diverses influences qui modifient la portée, mais l'application de ces moyens, si on les possédaient, ne serait qu'une entrave de plus pour empêcher l'emploi des fougasses et des mines de projection.

Les fourneaux projetants ne sont, en définitif, que des moyens accessoires dont on ne fera usage à la guerre que dans les cas où l'on pourra les utiliser sans calculs laborieux, sans travail minutieux, et surtout sans perte de temps.

Or, l'application des fourneaux à rase du sol, pour l'établissement des fourneaux projetants, procure le moyen de pratiquer les fougasses et les mines de projection avec toute la promptitude désirable, dans les travaux improvisés.

Il ne reste donc plus qu'à trouver une règle pratique, très-simple, qui permette de déterminer la charge à employer sans exiger des calculs fastidieux qu'on ne peut faire au moment où il faut agir et non délibérer.

La théorie nous a permis d'établir un tableau comparatif des portées pour une charge constante de 27^k et un chargement de projectiles variant depuis $P = 0$ jusque $P = 16000$, lancé par les deux systèmes de fourneaux projetants en présence.

Le diagramme et le tableau nous montrent que les portées sont les mêmes pour $P = 4000^k$ dans les deux systèmes de fougasses, et égales à 75 mètres environ.

Nous remarquons en outre que, pour les fourneaux à rase du sol, les limites des portées sont, en nombres ronds, égales à 88 mètres et à 47 mètres; ensuite nous voyons que la moyenne de ces portées limites qui est de $67^m,50$, s'éloigne peu de la portée théorique du chargement de 6000 kilogrammes.

Comme, dans la pratique, les portées, ainsi que nous l'avons vu, peuvent varier pour des charges et des fourneaux identiques, du tiers ou même de la moitié de la portée moyenne, on pourrait admettre que rien ne s'oppose à l'adoption du fourneau correspondant à $P = 4000^k$, pour servir de type au rapport qui doit exister entre le chargement et la charge de la fougasse-pierrier établie à rase du talus, en terre ordinaire.

D'autant plus que, dans ce cas, nous nous rapprocherions de la fougasse type de Laisné, que la pratique renseigne comme satisfaisant aux conditions adoptées par l'usage.

Le rapport

$$\frac{P}{C} = \frac{4000}{27} = 148$$

peut, du reste, être exprimé sans grande erreur par 150; et comme dans ce cas, la portée moyenne égale environ $75^m,00$, on aura avec une exactitude suffisante, pour le rapport type du chargement à la charge des fougasses-pierriers

$$\frac{P}{C} = 2\,X$$

d'où

$$C = \frac{P}{2\,X}$$

Par conséquent, nous pourrions admettre *que la charge d'une fougasse-pierrier est égale au poids du chargement divisé par le double de la portée du centre de gravité.*

Malgré sa simplicité, cette formule ne peut être générale; car non seulement le rapport $\frac{P}{C}$ n'est pas constant, mais il est encore à remarquer que la portée X est toujours inconnue, bien qu'on ait cru devoir la préjuger dans certaines formules. Il est donc nécessaire de faire disparaître X de la formule pratique.

Nous savons, il est vrai, que la portée théorique du centre de gravité est indiquée pour divers chargements dans le tableau comparatif et dans le diagramme, mais l'expérience a prouvé trop souvent que la portée qu'on emploie dans les calculs n'est jamais celle qu'on obtient en réalité.

D'ailleurs ce fait n'a rien qui doive étonner, puisque le tir des bombes et des grenades, à l'aide des mortiers de l'artillerie, est lui-même très-irrégulier.

Tout ce que l'on sait de positif, c'est que les portées moyennes des fougasses-pierriers sont d'environ 65 mètres à 75 mètres; que ces portées peuvent descendre jusque 47 mètres ou s'élever jusqu'à 88 mètres; qu'enfin les projectiles peuvent être éparpillés dans leur chute de manière à couvrir un espace qui s'étend parfois jusqu'au carré fait sur la portée moyenne.

A ce propos, nous citerons le passage qui suit, pris dans l'Aide-Mémoire de Laisné : « Dans le tir des fougasses-pier- « riers, la largeur de la gerbe de pierres est d'autant plus « considérable qu'elle s'éloigne davantage du fourneau proje- « tant. L'expérience prouve même que cette largeur éprouve « des variations dans des circonstances qui pourraient paraître « identiques : de sorte qu'il n'y a jamais certitude que quel- « ques projectiles ne s'écartent pas davantage à droite et à « gauche qu'on n'avait pu le prévoir. »

IX.

FORMULES GÉNÉRALES DES MINES PROJETANTES.

Les considérations qui précèdent nous paraissent être assez sérieuses pour nous engager à éliminer X de la formule qui exprimerait les charges des fougasses-pierriers avec une approximation suffisante.

Pour arriver à une telle formule, reprenons l'équation relative au travail de la projection :

$$l'' = (V \varphi + P) \frac{X}{2} \qquad (1)$$

Multipliant les deux membres par Q, il vient $Q\, l'' = C'''$, et l'on a

$$C''' = Q (V \varphi + P) \frac{X}{2} \qquad (2)$$

Remarquons que dans le type de la grande fougasse, $V \varphi = 16000^k$; et que $P = 4000$; d'où par suite de la similitude des fourneaux à rase du sol appliqués aux fougasses, on aura $V \varphi = 4 P$; ce qui donnera

$$C''' = Q\, P\, (4 + 1) \frac{X}{2}$$

$$C''' = \frac{5}{2}\, Q\, P\, X \qquad (3)$$

D'autre part on sait que $C''' = \dfrac{6}{7}\,C$, d'où $C = \dfrac{7}{6}\,C'''$; on trouvera donc

$$C = \frac{7}{6} \times \frac{5}{2}\ Q\,P\,X$$

$$C = \frac{35}{12}\ Q\,P\,X \qquad\qquad (4)$$

Nous savons également que $Q = 0^k,00003$; on aura par substitution,

$$C = \frac{35 \times 0,00003\ P\,X}{12}$$

d'où

$$C = \frac{0,00105\ P\,X}{12} \qquad\qquad (5)$$

Cette formule exprime la charge dans le cas où le tir aurait lieu à 45°; mais comme il faut parfois tirer sous un angle différent, nous nous rappellerons que les portées sont entre elles comme les sinus des angles doubles des angles de tir, et que la proportion $X : X' = \sin 90° : \sin 2\,\alpha$ donne

$$X' = \frac{X}{\sin 2\,\alpha}$$

Par conséquent, la formule (5) deviendra

$$C = \frac{0,00105\ P\,X}{12\,\sin 2\,\alpha}$$

Ou bien en multipliant haut et bas par 100000 et simplifiant la fraction

$$C = \frac{P\,X}{11428,57\ \sin 2\,\alpha} \qquad\qquad (6)$$

Posons $11428,57 = M\,X$, la formule deviendra

$$C = \frac{P}{M \cdot \sin 2\,\alpha} \tag{7}$$

Pour fixer les valeurs de M, déterminons par des expériences connues, les portées moyennes qu'on obtient le plus généralement dans les fougasses et dans les mines de projection; nous trouverons, ainsi pour $\alpha = 45°$:

<table>
<tr><td rowspan="4" style="writing-mode:vertical-lr">VALEURS DE</td></tr>
<tr><td>$X = 76^m,190$</td><td>$114^m,285$</td><td>$228^m,570$</td><td>$380^m,950$</td><td>$457^m,140$</td><td>$571^m,425$</td><td>$761^m,900$</td><td>$1142^m,850$</td></tr>
<tr><td>$M = 150$</td><td>100</td><td>50</td><td>50</td><td>25</td><td>20</td><td>15</td><td>10</td></tr>
<tr><td>$C = \dfrac{P}{M} = \dfrac{P}{150}$</td><td>$\dfrac{P}{100}$</td><td>$\dfrac{P}{50}$</td><td>$\dfrac{P}{50}$</td><td>$\dfrac{P}{25}$</td><td>$\dfrac{P}{20}$</td><td>$\dfrac{P}{15}$</td><td>$\dfrac{P}{10}$</td></tr>
<tr><td>$P = M\,C = 150\,C$</td><td>$100\,C$</td><td>$50\,C$</td><td>$30\,C$</td><td>$25\,C$</td><td>$20\,C$</td><td>$15\,C$</td><td>$10\,C$</td></tr>
</table>

Cette combinaison produit une formule très-simple, puisqu'elle se réduit à

$$C = \frac{P}{M}, \text{ et } M\,X = 11428,57$$

et que rien n'est plus facile que de se rappeler les valeurs qu'il faut attribuer à M pour un chargement donné et une portée à fixer selon le but à atteindre.

Si l'on connaissait la charge C que l'on veut employer pour lancer des projectiles à environ 225 mètres, par exemple, on aurait immédiatement, avec une exactitude suffisante,

$$P = 50\,C$$

Connaissant ainsi le poids P du chargement, il est aisé de le composer comformément aux charges de poudre disponibles.

Du reste, on remarquera que les valeurs de C sont généralement comprises entre $\dfrac{P}{100}$ et $\dfrac{P}{10}$ pour des portées de 100^m à 1000^m environ.

Ce qui distingue spécialement les fougasses-pierriers des mines de projection, c'est que la portée des dernières peut être très-grande, surtout lorsqu'elles n'ont qu'un seul projectile, bombe ou tonneau, tandis que dans les fougasses, la dispersion des projectiles, ordinairement très-nombreux, sur une grande surface de terrain, a des limites qui ne peuvent pas être dépassées sans rendre illusoire l'effet meurtrier du fourneau projetant. Pour s'en convaincre, il suffit de remarquer que la gerbe de projectiles peut se comparer à un cône dont la base grandit en s'éloignant du sommet. Il arrive un moment où les pierres tombées sur l'unité de surface sont trop rares pour produire des résultats qui soient en rapport avec les frais occasionnés par une grande fougasse-pierrier.

Les mines de projection peuvent lancer leur projectile unique à une très-grande distance; et ce projectile peut être très-lourd, car on peut lancer des tonneaux pleins de poudre pesant 1000 kilogrammes et plus à des distances de 300 à 400 mètres et au-delà.

Il est donc nécessaire de distinguer les amplitudes qui doivent être réservées aux mines de projection, des portées qui conviennent particulièrement aux fougasses-pierriers. Le tableau suivant est établi en tenant compte des données que l'expérience fournit à ce sujet.

Mais, comme il convient à la pratique d'avoir une formule générale comprenant la portée moyenne, nous adopterons la formule (6) dans laquelle nous introduirons un coefficient d'expérience en posant $m = 1,142857$; ce qui nous donnera la formule générale :

$$C = \frac{P \times m}{10000 \, sin \, 2 \, \alpha} \qquad (8)$$

TABLEAUX DES CHARGES DE POUDRE ET DES CHARGEMENTS DE PROJECTILES POUR LES FOUGASSES-PIERRIERS ET LES MINES DE PROJECTION.

FOUGASSES-PIERRIERS.				MINES DE PROJECTION.					
CHARGES.	CHARGEMENTS POUR LES DISTANCES DE :			CHARGES.	POIDS DES PROJECTILES POUR LES DISTANCES DE :				
	35^m à 75^m	75^m à 125^m	125^m à 225^m		225^m à 380^m	380^m à 450^m	450^m à 575^m	575^m à 750^m	750^m à 1000^m
kil.	kil.	kil.	kil.	kil.	kil.	kil.	kil.	kil.	kil.
1	150	100	50	1	30	25	20	15	10
2	300	200	100	2	60	50	40	30	20
3	450	300	150	3	90	75	60	45	30
4	600	400	200	4	120	100	80	60	40
5	750	500	250	5	150	125	100	75	50
6	900	600	300	6	180	150	120	90	60
7	1050	700	350	7	210	175	140	105	70
8	1200	800	400	8	240	200	160	120	80
9	1350	900	450	9	270	225	180	135	90
10	1500	1000	500	10	300	250	200	150	100
11	1650	1100	550	11	330	275	220	165	110
12	1800	1200	600	12	360	300	240	180	120
13	1950	1300	650	13	390	325	260	195	130
14	2100	1400	700	14	420	350	280	210	140
15	2250	1500	750	15	450	375	300	225	150
16	2400	1600	800	16	480	400	320	240	160
17	2550	1700	850	17	510	425	340	255	170
18	2700	1800	900	18	540	450	360	270	180
19	2850	1900	950	19	570	475	380	285	190
20	3000	2000	1000	20	600	500	400	300	200
21	3150	2100	1050	21	630	525	420	315	210
22	3300	2200	1100	22	660	550	440	330	220
23	3450	2300	1150	23	690	575	460	345	230
24	3600	2400	1200	24	720	600	480	360	240
25	3750	2500	1250	25	750	625	500	375	250
26	3900	2600	1300	26	780	650	520	390	260
27	4050	2700	1350	27	810	675	540	405	270
28	4200	2800	1400	28	840	700	560	420	280
29	4350	2900	1450	29	870	725	580	435	290
30	4500	3000	1500	30	900	750	600	450	300
31	4650	3100	1550	31	930	775	620	465	310
32	4800	3200	1600	32	960	800	640	480	320
33	4950	3300	1650	33	990	825	660	495	330
34	5100	3400	1700	34	1020	850	680	510	340
35	5250	3500	1750	35	1050	875	700	525	350

REMARQUE. — Le premier nombre de chaque colonne représente la valeur de M relative aux portées moyennes correspondantes.

Appliquons les nombres de ce tableau à quelques exemples de fourneaux projetants dont les données ont été fournies par l'expérience.

Mais afin de pouvoir apprécier la différence qui existe entre les résultats de la théorie et ceux de la pratique, complétons notre formule par un coefficient d'expérience m. Nous aurons ainsi

$$C = \frac{P\,m}{M}, \text{ et } P\,m = C\,M$$

et la valeur de m sera

$$m = \frac{C\,M}{P}$$

1° La charge de 27^k correspondant à un chargement hypothétique de 4000^k satisfait à $M = 150$, et l'on a

$$m = \frac{27 \times 150}{4000} = \frac{4050}{4000} = 1,0125$$

2° La charge de 25^k du fourneau de Laisné pour un chargement de pierres pesant 4680^k répond à $M = 150$ et l'on a encore

$$m = \frac{25 \times 150}{4680} = \frac{3750}{4680} = 0,8013$$

3° La charge de $4^k,33$ du fourneau de Laisné pour un petit chargement 650^k, donne pour M une légère différence qui se traduit par

$$m = \frac{4,33 \times 150}{650} = 0,9993$$

4° La charge de $9^k,20$ pour lancer un tonneau pesant avec son plateau, $126^k,50$ se vérifie comme suit

$$m = \frac{9,20 \times 15}{125,50} = 1,094$$

5° La charge de 18ᵏ,40 pour un poids de projectiles égal à 293ᵏ,25, donnéra de même

$$m = \frac{18,40 \times 15}{293,25} = 0,94$$

6° La charge de 34ᵏ, pour lancer un baril plein de poudre pesant avec ses enveloppes et son plateau 1060ᵏ, s'accorde avec notre formule de la manière suivante. Comme dans ce cas, $M = 30$, il viendra

$$m = \frac{34 \times 30}{1060} = 0,96.$$

Ces exemples suffisent, selon nous, pour faire voir que les données de notre tableau, calculées à l'aide de la formule : $P\,m = M\,C$, concordent avec les résultats de la pratique fournis par les fourneaux projetants cités comme des types à imiter.

Remarque. — En ce qui concerne les petits fourneaux employant de faibles charges, on doit s'attendre à des résultats assez irréguliers sous le rapport des portées. Une des causes de ces irrégularités provient de la nature variable du terrain dans lequel la charge fait explosion. Une autre cause réside dans ce fait, que la résistance du terrain s'exerce en raison du carré du côté de la boîte cubique contenant la charge, tandis que la force de compression s'accroît en raison du cube de ce côté.

Enfin, une troisième cause se trouve dans la vivacité de la combustion des petites charges; les grandes charges brûlant plus lentement, leur travail est mieux utilisé pour la projection, tandis que dans le cas des petites charges, l'explosion a lieu dans un temps tellement court que l'inertie du projectile n'étant pas suffisamment vaincue, celui-ci ne reçoit qu'une vitesse trop faible pour fournir l'amplitude calculée.

X.

En nommant V le volume des projectiles qui composent le chargement d'une fougasse-pierrier, et désignant par φ le poids du mètre cube des projectiles, mesuré en y comprenant les vides, on aura pour exprimer le poids en fonction du volume

$$P = V \varphi$$

La formule des fougasses-pierriers deviendra

$$C = \frac{V \varphi}{M}$$

Pour ces fougasses, M peut recevoir trois valeurs : 150, 100 ou 50, selon la portée qu'on veut obtenir; mais il faut remarquer que les portées croissent en sens inverse des valeurs de M.

Quant à la valeur de φ, on prendra 1300^k pour le mètre cube de moellons, et 1200 à 1250 pour le mètre cube de briques cassées.

Toutefois, il y a lieu de remarquer que les projectiles réguliers, tels que briques, pavés, etc., peuvent se placer sans laisser de vides très-sensibles dans le chargement, et que dans ce cas, il convient de donner à φ une valeur qui s'approche davantage du poids spécifique de l'espèce de pierre employée.

Enfin on ne doit pas perdre de vue que le poids du plateau doit être compris dans le poids de la masse à projeter.

Si, dans la formule (6), page 46, nous posons $P = V \varphi = 1142,857\ m\ V$, nous aurons pour la formule générale des fougasses-pierriers,

$$C = \frac{V\,X\,m}{10\ \sin 2\,\alpha}$$

Ou bien, pour le tir à 45°,

$$C = \frac{V\,X\,m}{10}$$

Pour appliquer la dernière formule aux fougasses de Laisné, faisons $V = 3^{m3},600$; $X = 75^m$ et $m = 0,93$; on trouvera

$$C = 25 \text{ kilogrammes environ.}$$

Pour seconde application, posons $V = 0^{m3},500$; $X = 75^m$ et $m = 1,16$; on aura

$$C = 4^k,35.$$

—

DEUXIÈME PARTIE

EXÉCUTION DES FOUGASSES ET DES MINES DE PROJECTION.

I.

ÉTABLISSEMENT DES FOURNEAUX PROJETANTS DU NOUVEAU TYPE.

Le nouveau type de mines projetantes, reposant sur l'emploi des fourneaux à rase du sol, s'établirait toujours suivant le même modèle, quelque fût la nature où le nombre des projectiles à lancer.

Qu'il s'agisse de projeter une bombe, un baril, des briques, des pavés, des moellons, etc., l'exécution de la mine, suivant le nouveau type, consiste toujours *à incruster la charge de poudre dans un talus; à placer le plateau sur cette charge, soit en l'incrustant lui-même dans la terre, soit en l'appliquant simplement sur le talus, s'il est bien dressé; et à disposer en suite le chargement de projectiles d'une manière symétrique par rapport à la ligne de tir*.

Il y a deux cas à considérer : 1° l'exécution du fourneau projetant dans un talus existant; 2° l'exécution du fourneau projetant en plaine.

II.

EXÉCUTION DU FOURNEAU PROJETANT DANS UN TALUS EXISTANT.

(Voir les figures 2, 5, 6, 8 et 10.)

On déblaie légèrement le pied du talus de manière à le prolonger assez pour obtenir la petite quantité de terre nécessaire
à l'appui des projectiles, si l'on veut établir une fougasse-
pierrier; ou bien on se contente de dresser l'emplacement du
plateau, si l'on veut exécuter une mine de projection.

On applique ensuite le plateau contre le talus, devant la
position qu'on lui destine, et l'on en trace le contour à l'aide
d'une pelle.

On déblaie le logement du plateau que l'on enterre de son
épaisseur.

On prend ensuite le milieu de ce logement, soit en traçant
les diagonales de la surface déblayée, soit en faisant passer
une broche pointue à travers un trou pratiqué au milieu du
plateau.

On creuse alors l'encastrement de la charge de manière à
en placer le centre sur la ligne de tir qui doit passer par le
milieu du plateau et lui être perpendiculaire.

La charge et le plateau étant mis en place, il ne reste plus
qu'à disposer les projectiles de telle façon qu'ils se maintien-
nent dans une position stable et symétrique autour de la ligne
de tir, devant et contre le plateau.

Si pour gagner du temps, on n'incruste pas le plateau (fig. 8), on se borne à dresser le talus de manière à pouvoir y tracer exactement l'emplacement de la charge, dont le centre doit toujours se trouver sur une perpendiculaire élevée sur le milieu du plateau et se confondant avec la ligne de tir.

S'il s'agit d'une mine de projection destinée à lancer une bombe, un tonneau, etc., les opérations sont les mêmes que dans le cas d'une fougasse-pierrier; seulement, on soutient la la bombe ou le tonneau au moyen d'un ou deux taquets fixés au plateau (fig. 5, 10 et 11).

Dans tous les cas, il faut que les projectiles touchent le plateau si l'on veut éviter que le choc ne brise soit le plateau, soit les projectiles, dans la communication du mouvement.

Les briques et les pavés doivent être empilés sous la forme d'un prisme droit, ayant pour base le plateau et pouvant être couronné par un certain nombre de ces projectiles groupés symétriquement autour de la ligne de tir.

En général, il importe de disposer les projectiles de manière que leurs surfaces de contact soient parallèles au plateau afin que le mouvement leur soit communiqué parallèlement à la ligne de tir.

Quand le chargement se compose de moellons ou de briques cassées, ces dernières prescriptions ne peuvent plus être observées aussi rigoureusement que dans le cas où l'on emploie des briques entières ou des pavés.

Néanmoins, on peut disposer les projectiles irréguliers d'une façon symétrique autour de la ligne de tir, en élevant en avant et sur les côtés du chargement des petits murs en briquaillons ou en pierres sèches qui servent de coffre pour maintenir la masse du chargement (fig. 3).

Cependant, quand on veut éviter une trop grande dispersion des projectiles, il est préférable de faire usage de briques entières, de pavés ou autres projectiles réguliers qui, se mouvant en quelque sorte parallèlement à la ligne de tir, s'éparpillent moins dans leur chute que les moellons irréguliers ou les briquaillons.

On ne pourrait, du reste, opposer une objection sérieuse à l'emploi de briques entières ou de pavés; car on en trouve partout où l'on doit ériger des travaux de défense; et, en temps de siége, l'on trouve toujours des murs à démolir ou des rues à dépaver.

On peut donc affirmer qu'en temps de guerre, dans les lieux où l'on aura à faire usage des fougasses-pierriers, la règle sera d'employer des projectiles réguliers; car on trouve des pavés partout, tandis que les moellons ne se rencontrent qu'exceptionnellement. Quant à l'emploi des briquaillons, il n'est pas à recommander; car les morceaux de briques sont trop irréguliers pour pouvoir être projetés dans une direction convenable, et leur légèreté en fait des projectiles fort peu dangereux pour l'ennemi.

La mise du feu aux fourneaux à rase du sol n'offre aucune difficulté, soit qu'on emploie le saucisson, le cordeau porte-feu ou l'électricité.

De sorte que nous n'avons rien de particulier à dire sous ce rapport, dans l'établissement des fourneaux projetants, si ce n'est que la suppression de l'entonnoir préalable rend plus facile la pose des conducteurs de la pile.

Un fourneau projetant, établi d'après le nouveau type, peut s'exécuter dans un temps assez court pour justifier le titre de ce travail : *Les fougasses instantanées, ou les mines projetantes simplifiées.* En effet, un quart d'heure suffit pour établir une petite fougasse pouvant lancer 150 briques à 75 mètres; en une demi-heure on établit une fougasse pouvant projeter 1000 briques à 100 mètres; et même un homme habile prépare aisément une fougasse de 600 briques en vingt minutes.

III.

EXÉCUTION DU FOURNEAU PROJETANT EN PLAINE.

(Figures 4, 5, 7, 9 et 11).

Pour exécuter un fourneau projetant en plaine, on déblaie une excavation suffisante pour établir le plateau, et disposée de manière à présenter deux talus à angle droit dont l'intersection soit perpendiculaire au plan vertical passant par la ligne de tir donnée.

En général, on emploie le tir à 45°; de sorte que les deux talus qui se rencontrent à angle droit forment des angles de 45° avec l'horizon; et que, dans un terrain très-ferme, l'excavation aura la figure d'un *prisme triangulaire*, dont les arêtes parallèles seront horizontales, et dont les bases seront verticales.

Toutefois, en pratique, il est bon de donner à ces bases une légère inclinaison, afin qu'elles servent de talus, et pour que ni le plateau ni les projectiles ne les rencontrent au départ.

Pour déterminer la profondeur à laquelle doit se trouver l'arête d'intersection des deux talus à 45°, on considérera le plan dans lequel la boîte à poudre doit être encastrée, comme devant contenir la base de l'entonnoir d'un fourneau à rase du sol, dont la ligne de M. R. est égale à $\frac{1}{2} B$, moitié du côté de la boîte cubique contenant la charge de poudre.

On sait que, théoriquement, dans ce cas, $n = 14$; par conséquent, le rayon d'entonnoir sera 7 B, ou bien en prenant le diamètre de l'entonnoir, on aura 14 B pour la largeur et la longueur du talus à déblayer afin de préparer l'emplacement du fourneau projetant.

Si l'on calcule le côté de triangle rectangle isocèle qui a 14 B pour hypothénuse, on trouve 10 B environ, pour la profondeur à laquelle doit se trouver l'intersection des deux talus à 45°.

Mais l'expérience a prouvé que cette profondeur peut s'arrêter *à sept fois le côté de la boîte cubique*. En effet, en donnant à la *diagonale* du plateau une longueur égale à 14 B, son côté n'aura que 10 B environ; et comme son bord inférieur atteint le fond de l'excavation, celle-ci ne doit descendre qu'à la profondeur verticale de $\dfrac{10\ B}{\sqrt{2}} = 7\ B$ environ.

D'ailleurs, les terres provenant de l'excavation doivent être jetées et damées au-dessus du plan dans lequel le fourneau doit être pratiqué; ce remblai prolonge ainsi le talus qui fait l'objet du déblai de l'excavation.

L'expérience a prouvé, du reste, dans quatre fourneaux d'épreuve établis dans ces conditions, que la profondeur 7 B suffisait pour assurer le jeu des fougasses pratiquées d'après ce nouveau-type. Dans chaque épreuve, le bord supérieur du talus est resté intact, ainsi que le remblai.

La règle précédente fixe à 7 B la profondeur de l'excavation des fourneaux projetants en déblai; elle donne ainsi la longueur du côté du plateau en fonction de la longueur du côté de la boîte cubique; enfin le cube de la longueur 7 B du côté du plateau donne très-approximativement le volume des terres à déblayer, car le prisme triangulaire équivaut au cube de son arête 7 B, dans le cas que nous considérons.

Au moyen de ces données nous pourrons former le tableau suivant :

Poids de la charge ou C.	Côté de la boîte cubique ou B.	Côté du plateau ou $7\,B$.	Cube de terre à déblayer ou $(7\,B)^3$	OBSERVATIONS.
Kilogrammes.	Mètres.	Mètres.	Mètres cubes.	Un homme peut déblayer 12 à 15 mètres cubes de terre par jour. En employant deux, trois ou quatre hommes, selon le cube à déblayer, ces excavations s'exécuteront, les petites en une demi-heure et les grandes en moins d'une heure.
1	0,103	0,721	0,374	
2	0,130	0,910	0,754	
3	0,149	1,043	1,125	
4	0,164	1,148	1,521	
5	0,176	1,232	1,861	
6	0,188	1,316	2,290	
7	0,198	1,386	2,685	
8	0,206	1,442	2,985	
9	0,215	1,505	3,375	
10	0,222	1,554	3,725	

Suivant Laisné il faut, en général, douze (12) heures à un atelier de dix (10) hommes pour l'exécution d'une fougasse en déblai, de l'ancien modèle.

Or, une fougasse du nouveau type, équivalente à la fougasse de Laisné, aurait une charge de poudre de 25 kilogrammes. La boîte cubique pouvant contenir cette charge, aurait $0^m,302$ pour côté. La profondeur de l'excavation serait, dans ce cas, $7 \times 0,302 = 2^m,114$, et le cube des terres à déblayer serait d'environ $10^{m3},00$. Cinq hommes pourraient certainement faire ce déblai en trois heures; par conséquent, dix hommes en douze heures, exécuteraient huit (8) fougasses du nouveau type, équivalentes, chacune, à la grande fougasse de Laisné. C'est-à-dire que la fougasse de l'ancien modèle exige huit (8) fois autant de travail que la fougasse du nouveau type n'en demande.

Mais nous sommes d'accord avec Laisné pour dire que cinq (5) petites fougasses, chargées chacune de 5 kilogrammes de poudre jouant successivement, produiront plus d'effet qu'une grande fougasse chargée de 25 kilogrammes de poudre et qui lancerait en une seule fois, trois mètres cubes de pierres; car l'effet moral des fougasses est aussi important que l'effet meurtrier de ces fourneaux de mines, surtout quand leurs feux sont successifs.

Comme ces cinq petites fougasses n'exigent chacune que le travail d'un homme pendant une heure environ, on voit que les avantages du nouveau type de fourneaux projetants sont assez grands pour faire abandonner tout-à-fait l'ancien modèle de fougasse-pierrier.

Pour faire apprécier mieux encore l'avantage que présente un type de fougasses simples et d'une exécution rapide, citons ce passage de Laisné : « Les fougasses-pierriers en déblai, de « petites dimensions, peuvent servir à former autour d'un « ouvrage de campagne, une ceinture qui ne contrarierait « nullement ses vues sur les approches. » — Nous ajouterons qu'au lieu d'une seule ceinture de fougasses de petites dimensions, on pourra en former deux ou trois, destinées à jouer successivement; et que, de plus, dans certains cas, il sera possible de rétablir de nouvelles lignes de fougasses, après que les premières auront joué, et de prolonger ainsi la défense par des moyens improvisés, peu coûteux et d'une exécution aussi prompte que facile, puisque les petites fougasses du nouveau type n'exigent qu'une homme et une demi-heure par fougasse.

IV.

DES VIDES ENTRE LA CHARGE ET LE PLATEAU, DANS LES FOURNEAUX
PROJETANTS.

Il arrive parfois que, lors de l'explosion d'une fougasse-
pierrier ou d'une mine de projection, le plateau se brise.
Comme ce fait est de nature à modifier la portée et la direction des projectiles, il y avait lieu de rechercher le remède à
cet inconvénient.

Une note du chef de bataillon Picot, autographiée à l'école
régimentaire du génie, à Metz, en 1832, dit ce qui suit à ce
sujet :

« Dans les expériences sur les mines de projection qui ont
« le mieux réussi depuis 1830 jusqu'à présent, la profondeur
« du canal au fond duquel se place la charge du fourneau,
« était *double du côté du coffre cubique* qui contient cette charge.
« Lorsque cette profondeur est moindre, le plateau, en ma-
« driers redoublés, risque d'être brisé au départ; lorsque
« cette profondeur est plus grande, la portée diminue. Dans
« tous les cas, on bourre avec soin, en gazons, le vide entre
« la charge et le plateau. »

Nous ne nous rendons pas compte de cette cause de rupture
du plateau attribuée à une moindre profondeur du logement
de la charge, attendu que dans toutes les expériences que nous

avons faites nous-même, et dans celles que nous avons vu exécuter, la boîte à poudre se trouvait en contact immédiat avec le plateau. Il est vrai que celui-ci se brisait parfois, mais cela tenait selon nous, à la mauvaise qualité du bois dont les plateaux étaient composés; et nous pensons, du reste, que la cause principale de la rupture des plateaux provient de l'absence de contact entre les projectiles et les plateaux.

Ce qui semble confirmer notre manière de voir, c'est que nous avons pu exécuter treize (13) fourneaux projetants, en y employant le *même plateau*. Il est vrai que ce plateau était composé de planches en bois de peuplier redoublées, et que l'on a l'habitude d'employer, pour ces plateaux, du chêne très-sec et, par conséquent, très-cassant.

Du reste, bien que, selon Picot, on remplisse en *gazon* l'espace ménagé entre le plateau et la boîte cubique contenant la charge, ce gazon n'en constitue pas moins un tampon qui se durcit par la compression en laissant un vide qui agrandit l'espace laissé libre à la force expansive des gaz de la poudre.

Le tampon en gazon comprimé forme certainement un projectile qui briserait le plateau si, par suite du vide qui se produit ainsi, la tension des gaz n'était diminuée notablement.

En effet, le prisme vide qui se trouve devant la boîte cubique n'offre que des parois en terre que les gaz refoulent de manière à former une grande poche sous le plateau.

Si, d'une part, les gaz pressent une portion plus grande du plateau, d'autre part l'augmentation de volume diminue la température ainsi que la tension du fluide élastique dans un rapport qu'il est bon d'examiner.

Nous considérerons deux cas, 1° celui où aucun vide n'existe autour de la charge, et 2° le cas où la chambre est plus grande que le volume de la charge.

Premier cas. — La tension *maximum* des gaz de la poudre se produit au moment où toute la charge est transformée en gaz et où ces gaz occupent encore la chambre supposée sphérique, et en admettant qu'elle ait conservé son volume primitif égal à $\frac{4}{3} \pi r^3$.

Deuxième cas. — Si un vide préalable existe autour de la charge, les gaz occuperont, dès le premier instant, le vide que nous pouvons supposer également sphérique et de volume $\frac{4}{3} \pi R^3$, plus grand que le volume de la charge $\frac{4}{3} \pi r^3$, et leur tension par suite de l'augmentation de leur volume, sera nécessairement plus petite que dans le premier cas, puisque les tensions sont en raison inverse des volumes.

Donc dans les fourneaux de mines, les vides autour de la charge ont pour effet de diminuer la tension des gaz.

Nommons T et t les tensions, c'est-à-dire les pressions sur l'unité de surface; V et v les volumes des chambres dont R et r sont les rayons; enfin désignons par S et s les surfaces des chambres.

On aura :

$$\frac{\text{La grande tension}}{\text{La petite tension}} = \frac{T}{t} = \frac{V}{v} = \frac{R^3}{r^3} \qquad (1)$$

On aura également, $\dfrac{S}{s} = \dfrac{R^2}{r^2}$ \qquad (2)

Divisons membre à membre les équations (1) et (2), il viendra :

$$\frac{Ts}{tS} = \frac{R^3 \times r^2}{r^3 \times R^2} = \frac{R}{r} \qquad (3)$$

Mais, Ts et tS représentent respectivement les produits des tensions par les surfaces correspondantes; donc les sommes des pressions qui s'exercent contre les parois des chambres sphériques sont inversement proportionnelles aux rayons de ces chambres.

Appliquons ces raisonnements au canal prismatique au fond

duquel Picot place la boîte cubique contenant la charge. Soit B le côté de la boîte cubique, et soit l la longueur du canal prismatique.

On aura encore :

$$\frac{T}{t} = \frac{V}{v} = \frac{B^2 \, l}{B^3} = \frac{l}{B} \qquad (1)$$

Puis

$$\frac{S}{s} = \frac{4 \, B \, l + 2 \, B^2}{6 \, B^2} = \frac{2 \, l + B}{3 \, B} \qquad (2)$$

Divisant (1) et (2) membre à membre, on trouvera :

$$\frac{T \, s}{t \, S} = \frac{l \times 3 \, B}{B \, (2 \, l + B)} = \frac{3 \, l}{2 \, l + B}$$

Or, suivant la prescription de Picot, la profondeur du canal au fond duquel se place la charge du fourneau était double du côté du coffre qui contient cette charge. On a donc $l = 2 \, B$; par conséquent, on aura

$$\frac{T \, s}{t \, S} = \frac{3 \, l}{2 \, l + B} = \frac{3 \times 2 \, B}{2 \times 2 \, B + B} = \frac{6}{5} \qquad (3)$$

Et par suite

$$t \, S = \frac{5}{6} \, T \, s \qquad (4)$$

D'où l'on voit que la somme des pressions des gaz dans le cas d'un canal de longueur 2 B n'est que les cinq sixièmes de la somme des pressions qui se produisent lorsque la boîte cubique est directement en contact avec le plateau, ou que le canal se réduit à l'emplacement de la boîte à poudre.

Il est donc évident que tout vide ménagé autour de la charge a pour effet de diminuer la tension des gaz de la poudre et d'affaiblir la force de projection; et que si, par suite du vide laissé entre la charge et le plateau, celui-ci est moins sujet à se briser, on arrive à un résultat très-défavorable sous le rapport de la portée des projectiles.

On est conduit aux mêmes conséquences en considérant que l'allongement du canal au fond duquel se place la charge augmente la ligne de $M. R.$, et diminue la valeur de n; dès lors, le volume des terres de l'entonnoir devient plus grand ainsi que la surface du paraboloïde suivant laquelle les terres doivent être désagrégées. On perd en partie les avantages que présentent pour la projection les fourneaux à rase du sol, et comme cela vient d'être dit, la portée diminue.

Il résulte de ces considérations que c'est une erreur de préparer un vide entre la charge et le plateau sous prétexte de ménager celui-ci; et qu'il est préférable de rendre les plateaux plus résistants en les construisant dans des conditions convenables, soit en augmentant leur épaisseur, soit en faisant usage de matériaux de bonne qualité.

En résumé, les vides sous le plateau sont nuisibles à la portée des fourneaux projetants, et la conservation du plateau peut être assurée sans affaiblir la puissance des fougasses ou des mines de projection.

—

TROISIÈME PARTIE

JET DES BOMBES CAPTIVES.

I.

PRÉLIMINAIRES.

On nomme « bombe captive » un projectile relié au sol par une corde et dont la trajectoire parabolique s'interrompt par un arc de cercle, d'un rayon égal à la longueur de la corde, pour atteindre un point de chute donné.

Le général de brigade Picot, dans ses études sur la guerre de siège, s'exprime de la manière suivante :

« Des expériences nombreuses faites en 1831, à l'école ré-
« gimentaire du génie à Metz, par le lieutenant Madaule, ont
« constaté la précision du tir des bombes maintenues par des
« cordes. Le projectile auquel on attache une corde de 12 à
« 15 millimètres de diamètre, se met dans un mortier incliné
« sous un angle élevé; l'autre extrémité de la corde est fixée
« à un piquet, à un anneau, dans la direction de l'objet visé,
« et le projectile va tomber sur cette direction, à une dis-
« tance du piquet ou de l'anneau égal à la longueur de la

« corde. On a fait tomber ainsi plusieurs fois la même bombe
« avec une même longueur de corde, dans un cercle d'un
« mètre de rayon, à des distances de 50 à 80 mètres du point
« d'attache de la corde.

« Ainsi en supposant le point d'attache de la corde dans le
« terre-plein du chemin couvert ou à un anneau scellé dans
« le mur de contrescarpe, et le mortier placé dans le fossé,
« on sera assuré de faire tomber la bombe, le projectile fixé
« à cette corde, à l'entrée d'une descente, dans un cavalier de
« tranchée, sur un amas de fascines et de gabions à un point
« donné d'une batterie de la troisième parallèle, d'une sape
« quelconque, si la longueur de la corde entre son point d'at-
« tache et le but à frapper, est celle qui convient au dévelop-
« pement de ladite corde sur la surface contre laquelle elle
« s'appliquera, et si le but, le point d'attache et le mortier
« sont sur la même direction. »

Il n'est pas difficile de comprendre que dans le jet des bombes captives, le mortier d'artillerie peut être remplacé par un
fourneau projetant, comme dans les mines de projection.

Des expériences sur le jet des bombes captives ont été faites
en 1868, par M. le capitaine Bech, au polygone du régiment
du génie, à Anvers.

Dans ces expériences, la corde était attachée au sol près du
fourneau projetant; de sorte que la longueur de la corde était
égale à la distance entre le fourneau et le point de chute.

Une élégante théorie de cette question fut donnée par M. le
capitaine Bech dans le rapport sur les travaux de sa compagnie.

L'année suivante, M. le colonel Schollaert, commandant le
régiment du génie, ordonna que l'expérience sur le jet des
bombes captives fut renouvelée devant M. le lieutenant-général Leclercq, inspecteur général de l'arme. Comme les expériences antérieures avaient laissé à désirer sur le résultat ob-

tenu, par suite du poids trop grand de la corde dont on s'était servi, nous proposâmes de prendre le point d'attache de la corde au milieu de la distance comprise entre le fourneau projetant et le point de chute, de manière à diminuer la corde de la moitié de sa longueur.

Le jet de la bombe devant avoir lieu en terrain régulier tel qu'un glacis à pente douce, la longueur de la corde était un minimum.

Nous fîmes deux expériences préalables afin de rechercher la charge qui convenait pour jeter la bombe au point déterminé.

La première expérience ne réussit pas complétement; mais dans la deuxième épreuve la bombe tomba mathématiquement, pour ainsi dire, au point voulu, et la corde fut parfaitement tendue.

Dans ces deux dernières expériences, la mine projetante avait été préparée chaque fois en une demi-heure, en suivant le profil et le procédé indiqués pour le nouveau type de mine de projection pratiqué en plaine.

M. le capitaine Bech fut encore chargé de faire la nouvelle expérience devant M. l'inspecteur-général de l'arme. Elle réussit parfaitement; et, ce qui est remarquable, c'est que le capitaine Bech avait préparé le fourneau de projection suivant l'ancienne coutume du polygone, avec des joues et une tête formant un entonnoir préalable; tandis que nous avions simplement entaillé dans le sol un talus de 45° pour y incruster la charge et y appliquer le plateau.

Dans notre dernière épreuve et dans celle du capitaine Bech, la charge, la bombe, la corde et le plateau étaient identiques; le terrain et la forme du fourneau seulement étaient différents. D'une part le terrain était ferme et compacte, et la charge se trouvait au fond d'un entonnoir préalable; de l'autre, le terrain était très-peu consistant, et la charge se trouvait simplement incrustée dans un talus, et pourtant les résultats furent identiques.

Nous pouvons donc dire que le nouveau type de fourneau projetant sera aussi avantageux pour le jet des bombes capti-ves que pour les autres mines de projection.

En conséquence, nous allons résoudre la question des bom-bes captives comme un cas particulier des mines de projec-tion.

La deuxième partie renfermant toutes les données relatives au calcul de la charge et à l'établissement des fourneaux pro-jetants, il ne nous reste qu'à rechercher les conditions néces-saires pour régler le mouvement des bombes captives.

La théorie des bombes captives ayant été donnée par M. le capitaine Bech, pour le cas où le point d'attache de la corde se trouve auprès du fourneau projetant, (1) nous allons traiter la question pour le cas où le point d'attache de la corde se trouve au milieu de la distance comprise entre le point de chute et le fourneau projetant.

(1) Voir les rapports sur les travaux pratiques de 1868 et 1869, déposés à la bibliothèque du régiment du génie.

II.

RECHERCHES SUR LA VITESSE DU PROJECTILE ET SUR LA POSITION DU
POINT OÙ LA BOMBE DOIT QUITTER SA TRAJECTOIRE PARABOLIQUE
POUR DÉCRIRE L'ARC DE CERCLE PASSANT PAR LE POINT DE CHUTE.

Le tir ayant lieu sous l'angle de 45°, la trajectoire $A\,B\,P$ est considérée comme une parabole dont le foyer se trouve au point D, milieu du paramètre $A\,P = 2\,p$; et dont le sommet B a pour abscisse $B\,D$, lorsqu'on prend l'origine des coordonnées en B.

On suppose qu'arrivée en M, la bombe quitte la parabole pour décrire l'arc de cercle $M\,J$, en tendant la corde $C\,M$ sous l'action de la force centrifuge.

Le point d'attache de la corde au sol étant en C, on doit avoir $A\,C = C\,M$.

Le triangle $A\,M\,C$ étant isoscèle, l'angle $M\,C\,E = 2\,M\,A\,E$. Soit α l'angle $M\,F\,D$ que fait la tangente à la parabole, au point M, avec l'axe de cette courbe; soit également β l'angle $M\,G\,D$ que fait la tangente au cercle, au point M, avec le même axe.

La vitesse de la bombe au point M se mesure suivant la tangente à la trajectoire parabolique en ce point.

Soit $M\,Q$ une longueur qui représente la vitesse du projectile. Construisons le parallélogramme des vitesses $S\,M\,T\,Q$. La vitesse V, égale à $M\,Q$, se décompose en deux vitesses : l'une $T = V\,cos\,(\alpha - \beta)$, dirigée suivant la tangente au cercle;

l'autre $S = V \sin (\alpha - \beta)$, qui agit dans le sens du rayon $R = M C$, et tend la corde.

Puisque l'on connaît le paramètre $2 p$ égal à l'amplitude de la trajectoire parabolique; ainsi que la portée $2 R$, égale à la distance du point de départ A, jusqu'au point de chute I de la bombe, il sera facile de déterminer les coordonnées du point M où la bombe doit changer de direction pour décrire l'arc de cercle passant par le point de chute I.

A cet effet, cherchons l'intersection de la trajectoire parabolique $y^2 = 2 p x$ avec la circonférence qui a pour équation

$$R^2 = (y + a)^2 + \left(\frac{p}{2} - x \right)$$

L'élimination de x entre ces équations donne l'équation du quatrième degré suivante :

$$y^4 + 2 p^2 y^2 + 8 a p^2 y + 4 a^2 p^2 + p^4 - 4 R^2 p^2 = 0. \quad (1)$$

Remarquons que si l'on pose $2 R = 2 n p$, on a $R = n p$; ensuite que $a = C D = p - R$, et que par conséquent $a = p - n p = p (1 - n)$; de sorte que $a^2 = p^2 (1 - n)^2$. On aura donc, par substitution, et après réduction :

$$y^4 + 2 p^2 y^2 + 8 p^2 y (1 - n) + 5 p^4 - 8 n p^4 = 0. \quad (2)$$

Si, pour application, on fait $p = 50^m,00$ et $n = 0,70$, on trouvera :

$$y^4 + 5000 y^2 + 300000 y - 3750000 = 0. \quad (3)$$

Equation qui sera satisfaite en faisant $y = 10^m,60$; et qui donnera $R = 35^m,00$, et $a = 15^m,00$.

Dans ce cas, l'abscisse du point M étant égale à $1^m,124$, la hauteur $M E$, ou la demi corde de l'arc de cercle $2 M I$, sera

$$M E = \frac{p}{2} - x = 25^m,00 - 1^m,124.$$

$$M E = 23^m,876.$$

VALEURS DES ANGLES α ET β.

Connaissant les coordonnées du point M, il est aisé de calculer les angles α et β que font avec l'axe les tangentes de la parabole et du cercle menées au même point. En effet,

$$M E = C M \sin \beta$$

d'où

$$\sin \beta = \frac{M E}{C M} = \frac{\frac{1}{2} p - x}{R} = \frac{p - 2 x}{2 R}$$

Mais on a : $p = 50^{m},00$, $x = 1^{m},124$ et $R = 35^{m},00$; il viendra donc

$$\sin \beta = \frac{50 - 2,248}{70} = 0,6821$$

Ce qui fait que l'angle β égale $43°,1'$.

La sous-tangente de la parabole est double de l'abscisse. On aura donc

$$2 x = y \cot g\, \alpha$$

d'où

$$\cot g\, \alpha = \frac{2 x}{y} = \frac{2 \times 1,124}{10,60} = 0,2121$$

Ce qui donne $\alpha = 78°,1'$.

VITESSE DE LA BOMBE EN UN POINT QUELCONQUE

Plaçons l'origine des coordonnées en A. La vitesse V_m en un point M quelconque de la trajectoire est la résultante de deux composantes, savoir :

$$\frac{d x}{d t} = V_0 \cos \varphi \qquad\qquad (1)$$

$$\frac{d\,y}{d\,t} = V_o\, \sin \varphi - g\, t \qquad (2)$$

La résultante s'obtiendra donc comme suit :

$$V_m{}^2 = \left(\frac{d\,x}{d\,t}\right)^2 + \left(\frac{d\,y}{d\,t}\right)^2 \qquad (3)$$

$$V_m{}^2 = V_o{}^2 \left[\cos^2 \varphi + \sin^2 \varphi\right] - 2\, g \left[V_o\, t\, \sin \varphi - \tfrac{1}{2}\, g\, t^2\right] \quad (4)$$

$$V_m{}^2 = V_o{}^2 - 2\, g \left[V_o\, t\, \sin \varphi - \tfrac{1}{2}\, g\, t^2\right] \qquad (5)$$

Mais l'intégrale de (2) donne $y = V_o\, t\, \sin \varphi - \tfrac{1}{2}\, g\, t^2$; on aura ainsi

$$V_m{}^2 = V_o{}^2 - 2\, g\, y \qquad (6)$$

d'où

$$V_m = \sqrt{V_o{}^2 - 2\, g\, y} \qquad (7)$$

Remarquant que $V_o{}^2 = 2\, g\, H_o$ on obtiendra

$$V_m = \sqrt{2\, g\, (H_o - y)} \qquad (8)$$

Or, H_o est la hauteur qui donne la vitesse initiale V_o, et y est l'ordonnée du point M.

Comme on a, en replaçant l'origine au sommet pour le tir à $45°$, $H_o = p$, et $y = \tfrac{1}{2} p - x$, on trouvera

$$V_m = \sqrt{2\, g\left[p - \left(\frac{p}{2} - x\right)\right]} \qquad (9)$$

$$V_m = \sqrt{g\, (p + 2\, x)} \qquad (10)$$

On voit que cette vitesse devient un minimum quand x égale zéro, ce qui suppose que le point M est placé au sommet de la trajectoire. On trouve alors, pour $p = 50^m,00$:

$$V_m = \sqrt{g\,p} = \sqrt{9{,}81 \times 50} = 22^m{,}14$$

En faisant $x = \dfrac{p}{2}$, on revient à la vitesse initiale.

$$V_m = V_o = \sqrt{2\,g\,p} = \sqrt{2\,g\,H_o}$$

car la vitesse initiale correspond à la hauteur $H_o = p$. On trouve pour $p = 50^m{,}00$, $V_o = \sqrt{2 \times 9{,}81 \times 50} = 31^m{,}32$.

VALEUR DE LA COMPOSANTE S QUI TEND LA CORDE.

La composante de la vitesse qui tend la corde a pour expression

$$S = V_m \, sin\,(\alpha - \beta) \qquad\qquad (1)$$

Remplaçant V_m par sa valeur, on aura

$$S = sin\,(\alpha - \beta)\,\sqrt{g\,(p + 2\,x)} \qquad\qquad (2)$$

Application. — Pour le cas particulier où $p = 50^m{,}00$ et $x = 1{,}124$, on a aussi $\alpha = 78^o,1'$; $\beta = 43^o,1'$; d'où $sin\,(\alpha - \beta) = sin\,35^o = 0{,}57357$; par conséquent on aura

$$S = 0{,}57357\,\sqrt{512{,}35}$$

$$S = 13^m{,}03 \text{ par seconde.}$$

LIMITES DE LA COMPOSANTE S QUI TEND LA CORDE.

Les limites de la composante S se présentent dans deux cas, selon que le point M se trouve au sommet de la trajectoire ou au point de chute.

Premier cas. — Le point M se trouvant en B, on a $x = o$ et $\alpha = 90^o$; d'où $sin\,(\alpha - \beta) = sin\,(90^o - \beta) = cos\,\beta$.

Par conséquent, on aura (2) :

$$S = \cos \beta \sqrt{g\,p}$$

Mais l'angle $\beta = 2\,A$; d'ailleurs, $B\,D = A\,D$ tang. A; d'où tang. $A = \dfrac{B\,D}{A\,D}$. Remarquant que $B\,D = \frac{1}{2}\,p$, et que $A\,D = p$, on aura tang. $A = 0,500$; c'est-à-dire que l'angle $A = 26°,34'$, et que $\beta = 2\,A$ aura pour valeur $53°,8'$. Enfin, $\cos \beta = \cos 53°,8' = 0,5999$, on trouvera pour $p = 50^{m},00$

$$S = 0,5999 \times \sqrt{9,81 \times 50}$$

$$S = 13^{m},28 \text{ par seconde.}$$

Deuxième cas. — Le point M étant supposé au point de chute, on a $\alpha = 45°$ et $\beta = o$, en même temps que $x = \frac{1}{2}\,p$.

La composante S deviendra donc (2)

$$S = \sin 45° \sqrt{2\,g\,p}$$

$$S = 0,707 \sqrt{2 \times 9,81 \times 50}$$

$$S = 22^{m},14 \text{ par seconde.}$$

VALEUR DE LA COMPOSANTE T QUI DONNE LA VITESSE SUIVANT LA TANGENTE A L'ARC DE CERCLE.

L'expression générale de la composante T étant

$$T = V_{m} \cos (\alpha - \beta) \qquad\qquad (1)$$

En remplaçant V_{m} par sa valeur en fonction du paramètre de la parabole, on aura

$$T = \cos (\alpha - \beta) \sqrt{g\,(p + 2\,x)} \qquad\qquad (2)$$

Pour le cas où $p = 50^{m},00$ et $x = 1^{m},124$, on a $\alpha = 78°,1'$; $\beta = 43°,1'$; $\cos (\alpha - \beta) = \cos 35° = 0,81915$. Il viendra donc

$$T = 0{,}84915 \times \sqrt{512{,}45}$$

$$T = 18^m{,}56 \text{ par seconde.}$$

LIMITES DE LA COMPOSANTE T TANGENTE A L'ARC DE CERCLE.

La composante T ayant pour expression générale

$$T = \cos (\alpha - \beta) \sqrt{g\,(p + 2\,x)}$$

Nous aurons encore à considérer les deux positions extrêmes du point M.

Premier cas. — Le point M étant au sommet, on a $x = 0$, $\alpha = 90°$, $\cos (\alpha - \beta) = \cos (90° - \beta) = \sin \beta$. Mais l'angle β étant égal à $53°{,}8'$, on aura

$$T = \sin 53°{,}8' \sqrt{g\,p}$$

$$T = 0{,}8000 \times 22{,}14$$

$$T = 17^m{,}74 \text{ par seconde.}$$

Deuxième cas. — Le point M étant supposé au point de chute, on a $x = \frac{1}{2}\,p$, $\alpha = 45°$ et $\beta = o$.

La composante T deviendra donc.

$$T = \cos 45° \sqrt{2\,g\,p}$$

$$T = 0{,}7070 \times 31{,}32$$

$$T = 22^m{,}14 \text{ par seconde.}$$

TABLEAU DES VITESSES DE LA BOMBE TIRÉE A 45°, DANS LE CAS OU 2 p ÉGALE 100 MÈTRES.

Coordonnées des points considérés.	Vitesse tangentielle à la parabole	Composante qui tend la corde	Composante tangentielle à l'arc de cercle.	OBSERVATIONS.
	m.	m.	m.	
$x = 0;\ y = 0$	22,14	13,29	17,71	L'origine est en B.
$x = 1^{m},124;\ y = 10,60$	22,64	13,03	18,55	
$x = \frac{1}{2}p;\ y = p$	31,32	22,14	22,14	Point de chute, P.

III.

DIMENSIONS DE LA CORDE SERVANT A ATTACHER UNE BOMBE
CAPTIVE.

Les dimensions de la corde dépendent de la position du point où la bombe quitte la parabole pour décrire l'arc de cercle, et de la vitesse du projectile en ce point.

Pour obtenir la plus grande hauteur de chute, l'arc de cercle devrait commencer aussitôt que le projectile a dépassé le sommet de la trajectoire.

En outre, le tableau (page 80) indique que c'est au sommet de cette courbe que la vitesse est le plus diminuée, et que c'est également vers ce point que la composante de la vitesse qui tend la corde aura sa plus petite valeur.

D'ailleurs, il importe que le poids de la corde soit le plus petit possible, et l'on voit que l'on atteindra ce résultat en rapprochant du sommet le point où la bombe doit quitter la parabole pour décrire l'arc de cercle.

EXPRESSION DE LA LONGUEUR R DE LA CORDE.

La longueur de la corde est l'hypothénuse du triangle rectangle $C\,M\,E$. On a donc :

$$R^2 = \overline{C\,M}^2 = \overline{M\,E}^2 + \overline{C\,E}^2.$$

Mais, $ME = \dfrac{p}{2} - x$; $CE = p + y - R$; par conséquent,

$$R^2 = \left(\frac{p}{2} - x\right)^2 + (p + y - R)^2$$

D'où l'on tire :

$$R = \frac{5\,p^2 - 4\,p\,x + 4\,p\,x^2 + 8\,p\,y + 4\,y^2}{8\,(y + p)} \qquad (1)$$

Si l'on suppose que le changement de direction commence au sommet de la courbe, $x = o$, et $y = o$; par conséquent l'on trouve

$$R = \frac{5\,p^2}{8\,p} = \frac{5}{8}\,p = 0{,}625\,p \qquad (2)$$

Maintenant, si l'on tenait compte de l'allongement inévitable que les cordes éprouvent lorsqu'elles sont soumises à une forte tension, allongement qui est compris entre le *dixième* et le *sixième* de la longueur primitive, on voit que si l'on augmentait la valeur de R de 0,1 de la longueur trouvée, on aurait pour le rayon de l'arc décrit par le projectile $R = 0{,}688\,p$.

Mais comme d'autre part, il faut considérer qu'une corde supportée par ses extrémités forme toujours une chaînette, il est nécessaire de donner à R un surcroît de longueur afin de compenser cette courbure qu'on ne peut éviter.

De sorte que pour mettre la théorie d'accord avec les exigences de la pratique, on pourra prendre pour longueur de la corde les *trois quarts de la longueur du demi-paramètre*, et que l'on aura ainsi

$$R = 0{,}75\,p. \qquad (3)$$

Dans l'article précédent, nous avons fait $n = 0{,}70$ après avoir posé $R = n\,p$; cette valeur de n, appliquée au cas particulier du paramètre $2\,p = 100^{\mathrm{m}}$, a donné une valeur minima pour la composante de la vitesse qui tend la corde; par conséquent, nous sommes autorisé à considérer cette donnée comme étant d'accord avec les indications précédentes.

Mais puisque la corde forme toujours chaînette, nous augmenterons sa longueur de $0,05\ p$, et en adoptant la formule $R = 0,75\ p$, nous serons assuré que le mouvement circulaire du projectile ne commencera qu'au point de la trajectoire où la composante de la vitesse qui tend la corde est un minimum.

De ce qui précède, on pourra conclure la règle suivante, pour le jet des bombes captives : *la distance du point de chute à la mine projetante est égale aux trois-quarts de l'amplitude de la bombe libre.*

SECTION DE LA CORDE.

Il y a lieu de considérer, pour la grosseur de la corde :

1° La section nécessaire pour supporter la tension occasionnée par la composante S agissant sur la corde au moment où le projectile change de direction;

2° La section nécessaire pour résister à l'action de la *force centrifuge* pendant que le projectile décrit un arc de cercle.

Premier cas. — La composante S donne la vitesse avec laquelle la bombe marcherait dans la direction de la corde tendue, si aucune force n'agissait sur le projectile pour le faire changer de direction.

Il se produit donc, dans ce sens, un travail égal à la moitié de la force vive acquise, travail qui est consommé dans l'allongement de la corde. On aura donc, en nommant F la longueur nécessaire pour allonger la corde de $\frac{1}{10}$:

$$F \times \tfrac{1}{10}\ R = \tfrac{1}{2}\ m\ S^2 \tag{1}$$

Si A égale la section de la corde, en millimètres carrés, en nommant E le poids en kilogramme que chaque millimètre carré peut supporter pendant que la corde s'allonge de $\frac{1}{10}$ sans se rompre, on obtiendra

$$\frac{A\,E\,R}{10} = \frac{1}{2}\,m\,S^2$$

$$A\,E\,R = 5\,m\,S^2$$

$$A = \frac{5\,m\,S^2}{E\,R} \tag{2}$$

L'expérience enseigne que les cordes supportent un poids de 5 kilogrammes par millimètre carré sans se rompre, et en s'allongeant de $\frac{1}{10}$; on fera donc $E = 5$, et l'équation (2) deviendra

$$A = \frac{m\,S^2}{R} \tag{3}$$

La formule (3) indique que *la section A est égale à la force vive du projectile divisé par la longueur de la corde.*

Afin de rendre pratique la formule (3), désignons par P le poids de la bombe captive; la masse aura pour expression $\dfrac{P}{g}$ et l'on aura

$$A = \frac{P\,S^2}{g\,R} \tag{4}$$

Maintenant, la vitesse S étant exprimée par $sin\,(\alpha - \beta)\,\sqrt{g\,(p + 2\,x)}$, nous remarquerons que le tir ayant généralement lieu à 45°, toutes les trajectoires seront semblables, et le point M où la bombe change de direction, se trouvera toujours placé de façon à rendre constant le rapport des coordonnées de ce point.

D'autre part, nous avons vu que la vitesse au sommet diffère peu de la vitesse au point M qui, par sa position donne une grande hauteur de chute, et un minimum pour la longueur de la corde.

D'ailleurs, la valeur de x trouvée pour l'abscisse du point M, étant très-petite (0,045 p) on pourra faire $x = o$ dans (4) sans changer sensiblement la valeur de S, d'autant plus que nous savons que la vitesse au sommet diffère très-peu de la vitesse au point M.

Nous pourrons donc prendre pour S la valeur limite exprimée par $S = \cos \beta \sqrt{g\,p}$.

L'équation (4) deviendra

$$A = \frac{P\,p \cos^2 \beta}{R} \qquad\qquad (5)$$

Nous avons vu que, pour le cas où le point M est au sommet, l'angle $\beta = 53°,8'$; et que $\cos \beta = 0,599$; d'où l'on a $\cos^2 \beta = 0,36$ environ.

Enfin, nous avons fixé la longueur R de la corde à 0,75 p. On aura donc, en substituant dans (5) les nouvelles valeurs de $\cos^2 \beta$ et de R :

$$A = \frac{P \times 0,36\,p}{0,75\,p} \qquad\qquad (6)$$

$$A = \tfrac{1}{2}\,P \text{ environ.} \qquad\qquad (7)$$

Nous arrivons ainsi à la règle de tir très-simple : *la section de la corde est exprimée en millimètres carrés, par la moitié du poids de la bombe en kilogrammes.*

Si la bombe pèse 62^k, la section de la corde sera égale à 31 millimètres carrés, section qui correspond à un diamètre théorique de 6 millimètres et demi environ, qui, dans la pratique, devrait être porté à 8 millimètres, afin de tenir compte des effets de l'allongement.

Il pourrait sembler, au premier abord, que la formule (7)

n'est pas générale; mais en examinant l'équation (4), on remarquera que la section A est une fonction de S^2 et de R, et que ces deux quantités sont des fonctions de p, c'est-à-dire de l'amplitude.

Or, si la vitesse est augmentée ou diminuée, l'amplitude augmente ou diminue; il en est de même de la longueur de la corde qui augmente ou diminue avec l'amplitude de la parabole que décrirait la bombe libre; par conséquent l'allongement de la corde étant proportionnel à l'amplitude, il est clair que les équations rationnelles (4), (5) et (6) mènent à la formule (7) qui, dès lors, est générale.

Deuxième cas. — En calculant la section de la corde relativement à la force centrifuge, on vérifiera la section obtenue au point de vue de l'allongement que la corde éprouve au moment même où le projectile change de direction.

L'expression de la force centrifuge étant

$$F = \frac{m\,T^2}{R} \tag{1}$$

On remplacera m et T par leurs valeurs, et l'on aura

$$F = \frac{P}{g\,R} \cos^2(\alpha - \beta) \times \left[g\,(p + 2\,x) \right]$$

$$F = \frac{P}{R}(p + 2\,x) \cos^2(\alpha - \beta) \tag{2}$$

La force centrifuge est à son maximum quand la bombe est au point de chute. Alors, $x = \frac{1}{2}\,p$, $\beta = 0$ et $\alpha = 45°$. Or, $\cos 45° = 0{,}7071$; ensuite $\cos^2 45° = 0{,}500$; on pourra donc écrire

$$F = 0{,}500 \times \frac{2\,P\,p}{R}$$

$$F = \frac{P\,p}{R}$$

Et comme $R = 0,75\,p$, on trouvera

$$F = \frac{P\,p}{0,75\,p} = \frac{P}{0,75}$$

$$F = 1,333\,P \qquad\qquad (3)$$

Les cordages supportant 5 kilogrammes par millimètre carré de section, on aura pour seconde valeur de A :

$$A = \frac{F}{5} = \frac{1,333\,P}{5} = 0,266\,P \qquad\qquad (4)$$

Cette nouvelle valeur de A étant beaucoup plus petite que la première : $A = 0,50\,P$, on voit qu'il suffira de prendre *pour section de la corde en millimètres carrés, la moitié du poids de la bombe exprimé en kilogrammes.*

DIAMÈTRE DE LA CORDE.

Si l'on voulait une formule donnant le *diamètre D* de la corde, on aurait :

$$A = \frac{\pi\,D^2}{4} = \tfrac{1}{2}\,P \qquad\qquad (1)$$

$$\frac{\pi\,D^2}{2} = P$$

$$D^2 = \frac{2\,P}{\pi}$$

$$D = 0,8\,\sqrt{P} \qquad\qquad (2)$$

Cette valeur de D peut être considérée comme une donnée théorique. Mais par suite de l'allongement, le diamètre diminue; de sorte que pour la pratique, il conviendra de multiplier la valeur trouvée par le coefficient 1,25; ce qui donnera

$$D = \sqrt{P} \qquad\qquad (3)$$

C'est-à-dire que LE DIAMÈTRE DE LA CORDE, EN MILLIMÈTRES, DOIT ÊTRE ÉGAL A LA RACINE CARRÉE DU POIDS DE LA BOMBE, EN KILOGRAMMES.

Pour lancer une bombe captive pesant 62 kilogrammes, le diamètre de la corde sera donc :

$$D = \sqrt{62} = 7,87 \text{ millimètres,}$$

soit 8 millimètres environ.

QUATRIÈME PARTIE.

QUATRIÈME PARTIE.

DOCUMENTS, FORMULES ET DONNÉES D'EXPÉRIENCES SUR LES FOURNEAUX PROJETANTS.

I.

EXPÉRIENCES SUR LE JET DES BOMBES CAPTIVES.

Le 13 septembre 1869, nous demandâmes au commandant du régiment du génie, M. le colonel Schollaert, de vouloir bien faire renouveler l'expérience sur les bombes captives, en suivant exactement les indications de Picot, dont on s'était écarté en 1868, dans des expériences qui n'avaient pas réussi.

Le chef de corps ordonna que la nouvelle expérience serait faite par M. le capitaine du génie Bech, en présence de M. le lieutenant-général Leclercq, inspecteur général de l'arme.

Comme nous avions exprimé l'opinion que cette expérience devait réussir, contrairement à l'avis de plusieurs de nos camarades, il nous parut utile d'exécuter quelques essais préalables, afin de rechercher les conditions susceptibles de favoriser l'épreuve qui devait avoir lieu devant l'autorité générale.

Etaient présents à notre premier essai : MM. le capitaine
Bech et le lieutenant Mahauden.

L'opération eut lieu le 1ᵉʳ octobre 1869, à onze heures.

PREMIER ESSAI.

Dans le terre-plein haut du chemin couvert, au saillant de
la lunette 8-9 de l'enceinte d'Anvers, nous fîmes creuser un
prisme triangulaire dont les bases, parallèles et verticales,
étaient deux triangles rectangles isocèles de 1ᵐ 00 de côté.

Dans la face tournée vers le glacis et formant un carré de
1ᵐ 00 de côté, fut creusé le logement d'un plateau de 0ᵐ 50
de côté et de 0ᵐ 12 d'épaisseur, en bois blanc et muni d'un
taquet pour supporter la bombe. Ce plateau pesait 20ᵏ,200.

Derrière le plateau fut logée une boîte en zinc contenant
1ᵏ,158 de poudre d'artillerie.

La bombe pesait 61ᵏ,000 et portait un anneau solide pour
recevoir la corde qui devait la rendre captive. La corde était
fixée au sol à l'aide d'une tringle en fer tournée en tire-bou-
chon pénétrant en terre, et portant un anneau.

La corde avait un diamètre d'environ 12 millimètres et pesait 0ᵏ,09041 le mètre courant.

Le terrain s'est trouvé n'être qu'une terre légère et très-
meuble.

On a supposé que la bombe *libre* tomberait à 100 mètres du
fourneau, et que la corde, fixée à 35 mètres du point de départ,
ferait tomber le projectile captif à 70ᵐ 00 de la mine.

Il a fallu moins d'une heure pour exécuter ces opérations.
La mise du feu eut lieu par la mèche de Bickford.

Le fourneau joua très-bien.

Le plateau tomba *intact* à 49ᵐ 00 du foyer.

Le point de chute de la bombe fut à 64ᵐ 20 du centre des
poudres; il devait se trouver à 70ᵐ; la différence n'était que
5ᵐ 80, et l'on constata que la corde n'avait pu être tendue.

Du reste, la déviation n'était pas sensible.

L'expérience avait prouvé :

1° Que le terrain exigeait une charge plus forte que celle employée;

2° Que la forme très-simple donnée à l'excavation remplissait les conditions voulues pour projeter les bombes captives;

3° Que le mode d'attache de la bombe était au moins aussi avantageux que celui qu'on avait adopté l'année précédente.

Bien que ce résultat fût favorable au nouveau système de fourneau que nous avions en vue, nous fûmes d'avis, ainsi que M. le lieutenant Mahauden, de recommencer l'expérience le lendemain.

DEUXIÈME ESSAI.

Un fourneau identique à celui décrit ci-dessus, fut établi dans le même terrain; mais la charge de poudre fut portée à $1^k,850$; l'augmentation de la charge était ainsi de $0^k,692$.

Le jeu du fourneau fut parfait; le plateau tomba à 64^m65, et la bombe presque mathématiquement au point de chute, à 70 mètres de la mine.

Le plateau avait dévié de 6^m70 à droite, mais la corde fut retrouvée fortement tendue sur la direction déterminée pour le tir. La bombe était enterrée de la moitié de son diamètre.

Pendant le trajet du projectile, on vit la cordre se tendre, onduler un instant, puis se tendre de nouveau et rester en ligne droite sous l'action de la force centrifuge.

On doit conclure de cette expérience, que le but a été atteint de la façon la plus complète; que les indications de Picot sont judicieuses; et que l'emploi des fourneaux à rase du talus, pour le jet des bombes captives, satisfait à toutes les conditions exigées pour les fourneaux projetants; et qu'il présente, en outre, l'avantage d'une exécution aussi simple que rapide.

Comme l'expérience faite par M. le capitaine Bech réussit parfaitement, nous allons en donner le compte-rendu afin de pouvoir comparer la nouvelle forme de fourneau projetant à l'ancienne mine de projection.

Rapport relatif à l'expérience sur le jet d'une bombe captive exécutée le 5 octobre 1869, devant M. le lieutenant-général Leclercq, inspecteur-général des fortifications et du corps du génie.

« Le rapport sur les travaux pratiques exécutés pendant la
« campagne de 1868 contient le compte-rendu des quatre pre-
« mières expériences qui ont été faites sur le tir des bombes
« captives, au moyen de mines de projection.

« Ces expériences n'ont pas donné de résultats satisfai-
« sants, la bombe n'était jamais lancée assez loin pour que la
« corde pût se tendre. Les cordes dont on s'est servi étaient
« goudronnées et avaient l'une un diamètre de 2 centimètres,
« l'autre un diamètre de 0^m 015. Le point d'attache de la corde
« était placé dans les quatre expriences, près de la mine de
« projection. L'on avait constaté, enfin, que la vitesse du pro-
« jectile se ralentissait visiblement sous le poids de la corde.
« (Exp. n° 2).

« Dans l'expérience n° 5 (celle de cette année), on s'était
« proposé de porter la bombe à 70^m 00 du centre des poudres.
« Le point d'attache se trouvait sur l'axe de la mine et à une
« distance du centre des poudres égale à la moitié (35^m 00) de
« la distance à franchir par le projectile.

« On a employé une corde blanche ayant déjà servi et ayant
« par conséquent perdu une grande partie de sa raideur. Cette
« corde était aussi moins grosse que celles que l'on avait em-
« ployées jusqu'alors. Elle n'avait que 0^m 012 de diamètre.

« Ces modifications apportées dans les conditions d'établis-

« sement, jointes à une majoration dans la charge, ont suffit
« pour faire réussir complétement l'expérience.

« Le plateau avait 0^m 12 d'épaisseur, 0^m 50 de côté et était
« composé de deux épaisseurs de madriers recroisés en chêne.
« Il portait un petit taquet destiné à maintenir la bombe sur
« le plateau mis en place.

« Le plateau pesait 20^k,610, la bombe 61^k,00.

« La corde était attachée à la bombe au moyen d'un fort
« piton en fer forgé dont la tige avait été vissée dans le culot,
« taraudé préalablement à cet effet.

« La corde avait une longueur de 35 mètres. Sur l'axe de
« la mine de projection et à 35 mètres du centre des poudres,
« on avait enfoncé en terre dans toute sa longueur, une tige
« en fer façonnée en hélice et garnie d'une poignée qui four-
« nissait un solide point d'attache à la corde. Le poids des
« 35^m 00 de corde formant la longueur du rayon de l'arc que
« devait décrire la bombe avant de toucher terre était de
« 3^k,150.

« *Calcul de la charge.* — On a calculé la charge par la for-
« mule suivante : $C = P \times A \times 0^g,235$, dans laquelle $P =$
« 84^k,760 (poids réunis de la bombe, de la corde et du plateau)
« et $A = 100^m$. On en déduit $C = 1^k,992$.

« *Profondeur de la charge.* — La charge a été placée à une
« profondeur égale à $\frac{8}{10}$ de la ligne de $M. R.$ du fourneau ordi-
« naire de la charge $C = 1^k,992$, en terrain ordinaire; c'est-
« à-dire à une profondeur de 0^m 90 sous le sol.

« On a conservé à la mine de projection la forme exacte de
« celles qui ont servi dans les expériences 1, 2, 3, 4. Le ter-
« rain dans lequel cette mine a été creusée était un sable
« argileux fort compacte, et l'emplacement de la boite a été
« taillé dans une couche de coquiller qui règne en cet endroit
« sous le sable.

« La résistance du terrain était telle qu'après l'explosion la

« mine avait complètement conservé sa forme. Les parois en
« avaient seulement été crevassées.

« La charge était renfermée dans une boîte cubique en zinc
« dans laquelle pénétraient les extrémités de deux cordeaux
« porte-feu dont l'un devait servir de réserve en cas de raté.

« Le fourneau fit explosion au premier feu. L'expérience
« ainsi que nous l'avons dit, réussit complètement. La bombe
« tomba à $1^m 80$ à gauche et à $0^m 60$ au delà d'un piquet que
« l'on avait planté sur l'axe de la mine, à 70 mètres du centre
« des poudres, pour indiquer le but à atteindre.

« La corde de $0^m 012$ résista fort bien à la tension qu'elle
« eut à subir, et le mode d'attache employé pour fixer la corde
« à la bombe ne laisse rien à désirer. »

(Signé) BECH.

CONSÉQUENCE.

L'expérience de M. le capitaine Bech est identique à notre
deuxième essai, sauf que les mines employées sont essentiel-
lement différentes.

De la comparaison des deux épreuves résulte cette conséquence que le fourneau à rase du talus en mauvais terrain a
produit autant d'effet que le fourneau placé au fond d'un entonnoir préalable dans un très-bon terrain.

II.

Extrait du rapport sur les travaux exécutés par la 8ᵉ compagnie du régiment du génie, sous le commandement du capitaine O. Rousseau, en 1871.

FOUGASSES-PIERRIERS.

La 8ᵉ compagnie a été exercée à la construction de différents types de fougasses-pierriers, savoir :

« *Fougasse en déblai.* — Cette fougasse a été exécutée par
« cinq (5) hommes en seize (16) heures.

« *Fougasse en remblai.* — L'exécution de ce travail a exigé
« douze (12) heures à huit (8) hommes.

« *Fougasse rase.* — Sa construction demande le travail de
« trois (3) hommes pendant huit (8) heures.

« *Fougasse prussienne.* — Cette fougasse qui n'est autre
« qu'un rameau à la hollandaise de 1ᵐ 60 de longueur, dont
« l'axe est incliné à 45°, a été achevée par deux (2) hommes
« en trois (3) heures.

« *Fougasse du capitaine Piron.* — Pour construire cette fou-
« gasse (en plaine), on creuse dans le sol un trou prismatique
« dont deux faces latérales font avec l'horizon des angles de
« 45° et sont perpendiculaires entre elles. Les bases de ces
« prismes forment les joues de la fougasse. Seulement lorsque

« l'excavation est pratiquée, on entaille les joues pour empê-
« cher que leur contact n'entrave la sortie de l'excavation du
« chargement et du plateau.

« On entaille dans une face l'emplacement du plateau dont
« la face supérieure affleure la face de la fougasse. L'emplace-
« ment de la boîte aux poudres est creusé au centre du pla-
« teau.

« L'exécution de cette fougasse a demandé à deux (2) hom-
« mes, soixante-cinq (65) minutes; la charge de poudre était
« placée à 1ᵐ 40 en-dessous du sol. »

EXPÉRIENCES COMPARATIVES SUR LES DIFFÉRENTS SYSTÈMES
DE FOUGASSES-PIERRIERS.

« Des expériences comparatives ont été faites sur la fou-
« gasse ordinaire (fougasse rase française), la fougasse prus-
« sienne et la fougasse du capitaine Piron. Pour pouvoir com-
« parer les effets produits par ces trois fougasses, on a tâché
« de se mettre pour chacune d'elles, dans des conditions
« identiques. La ligne de tir était inclinée à 45°. La charge de
« poudre était de 12 kilogrammes; le centre des poudres à
« 1ᵐ 40 de profondeur. Le plateau, en bois de chêne, avait
« 0ᵐ 75 de côté et 0ᵐ 15 d'épaisseur (1). Le chargement, com-
« posé de pierres irrégulières, avait environ un mètre de hau-
« teur.

« La *fougasse ordinaire* a été creusée par quatre (4) hommes
« en trois (3) heures. Le plateau et le chargement ont été
« placés en une demi-heure. Le chargement, composé de pierres
« blanches, pesait 627 kilogrammes (plus le poids du plateau).

(1) Le poids du plateau peut être évalué à 84ᵏ environ.

« L'explosion de la charge a lancé les pierres a de grandes
« distances. Le centre de la gerbe est retombé à environ 80
« mètres de la fougasse. Le plateau est resté à peu près dans
« l'axe, il est retombé à 122 mètres. Les pierres les plus éloi-
« gnées se trouvaient à 250 mètres; celles qui s'écartaient le
« plus de l'axe étaient à 55 mètres à gauche et à 70 mètres à
« droite.

« La *fougasse prussienne* a été construite par deux (2) hom-
« mes en deux (2) heures; avec des hommes exercés une heure
« et demie suffirait. Le plateau et le chargement de pierres
« ont été placés en 40'. Le chargement, composé de moellons,
« pesait 986 kilogrammes (plus le poids du plateau). Les
« châssis ont été placés jointifs, parce que le terrain était
« mauvais. Le plateau était engagé de 6 centimètres dans le
« dernier châssis. Les pierres ont été projetées moins loin
« qu'avec la fougasse précédente; la distance maximun a été
« de 150 mètres. L'écartement de l'axe a aussi été moins con-
« sidérable; le maximum était de 16^m,50 à gauche et 18 mètres
« à droite. Le centre de la gerbe était à 70 mètres environ.
« Les cinq châssis ont été projetés hors du rameau; le plateau
« est retombé dans l'axe à 70 mètres du centre des poudres.

« La *fougasse du capitaine Piron* a été creusée par 2 hommes
« en 55'. La pose du plateau et du chargement a demandé une
« heure. Le chargement composé de briquaillons (1) (sans
« compter le plateau), pesait 710 kilogrammes. Des pierres
« ont été lancées jusque 90 mètres de distance; les déviations
« latérales maxima ont été de 41 mètres à gauche et de 22
« mètres à droite. Le plateau a été projeté à environ 7 mètres

(1) Ces briquaillons provenaient de briques *très-tendres*. Ils s'écrasèrent en
grande partie en se choquant pendant la projection, et furent réduits en menus
morceaux dépourvus de force vive, celle-ci ayant été absorbée par le travail
consommé dans l'écrasement des briquaillons.

« à droite de l'axe et à 73 mètres de la fougasse. Le centre de
« la gerbe se trouvait à 30 mètres.

DEUXIÈME ÉPREUVE.

« Les différences sensibles qui existaient dans le poids et la
« constitution du chargement, ayant dû influer sur les résul-
« tats, ceux-ci ne pouvaient pas être comparés entre eux. Il
« fut résolu de procéder à de nouvelles expériences dans
« lesquelles les chargements étaient identiques. Ces expérien-
« ces avaient en outre pour but de déterminer les rôles des
« joues et de la tête de la fougasse sur les effets de la projec-
« tion. Les joues sont-elles utiles pour guider le chargement
« dans sa trajectoire? Ne servent-elles à rien? Le frottement
« des pierres contre les joues ne produit-il pas des chocs, des
« arc boutements qui entravent les projectiles dans leur course;
« en un mot, les joues sont-elles nuisibles?
« On résolut de comparer les effets produits par trois fou-
« gasses : la fougasse du capitaine Piron qui n'a pas de joue
« d'aucune espèce; la fougasse rasante française avec des
« joues évasées; et la fougasse prussienne où les joues en plus
« grande quantité devraient produire le plus d'effet dans un
« sens ou dans l'autre.
« Ces fougasses ont été exécutées dans un talus incliné à
« 45° Les charges et les chargements identiques pour les trois
« fougasses, étaient de 10 kilogrammes de poudre, et de 720
« kilogrammes de briques neuves (bien cuites).

FOUGASSE PRUSSIENNE.

« Le creusement de cette fougasse a exigé le travail de deux
« (2) hommes pendant quatre (4) heures. Le terrain était de
« sable coquiller compacte. Le centre de la gerbe était à 105

« mètres. La portée maxima a été de 175 mètres; les écarts
« latéraux de 40 mètres à gauche, 18 mètres à droite. Le
« plateau à peu près dans l'axe était à 85 mètres de la fougasse.

FOUGASSE FRANÇAISE.

« Sa construction a duré huit (8) heures; quatre (4) hommes
« étaient occupés à ce travail. Les pierres ont été extrème-
« ment dispersées; les écarts sont de 70 mètres à gauche, 73
« mètres à droite. La portée de 164 mètres. Le plateau est
« retombé à 65 mètres à gauche de l'axe et à 115 mètres de la
« fougasse.

FOUGASSE DU CAPITAINE PIRON.

« Cette fougasse a été établie par un homme en vingt (20')
« minutes : le temps de creuser l'encastrement du plateau et
« de la charge. Les pierres sont restées très-agglomérées.
« Le centre de la gerbe était à 105 mètres de la fougasse; les
« écarts latéraux maxima étaient de 36 mètres à droite et 20
« mètres à gauche. La portée de 122 mètres. Le plateau a été
« lancé à 9 mètres à gauche de l'axe et à 98 mètres de la fou-
« gasse.

CONCLUSION.

« On peut donc conclure de ces expériences que lorsque le
« chargement se compose de matériaux réguliers disposés
« symétriquement sur le plateau, les joues sont inutiles de
« même que la tête; qu'elles ne sont pas nuisibles; mais que
« la rapidité de l'exécution doit, à moins de circonstances par-
« ticulières exceptionnelles, faire donner la préférence à la
« fougasse du capitaine Piron.
« Il est à remarquer seulement qu'en temps de guerre les

« chargements se composent forcément, le plus souvent, de
« matériaux de forme irrégulière provenant de démolitions;
« il est donc désirable que de nouvelles expériences compa-
« ratives faites avec des chargements de l'espèce viennent fixer
« les idées sur les résultats que l'on peut attendre des diffé-
« rents systèmes de fougasses.

« Berchem, le 14 décembre 1871.

« *Le Capitaine commandant la 8e compagnie*
« (Signé) **O. ROUSSEAU.** »

NOTE. — La visite des élèves de l'école d'application au polygone du régiment du génie, le 13 août 1872, nous a fourni
l'occasion de satisfaire au désir exprimé ci-dessus par le commandant de la 8e compagnie.

Une fougasse-pierrier en talus fut établie en 45′, en se servant de moellons de calcaire bleu et de pierres blanches très-
irrégulières. (*Pl. 1, fig. 3.*)

La charge était de 10^k de poudre; le chargement, y compris
le poids du plateau, pesait environ 400 kilogrammes. Les pierres étaient disposées suivant l'indication de la fig. 3; mais la
charge seule était incrustée dans la terre, le plateau était simplement appliqué contre le talus.

Le chargement fut très-bien lancé dans la direction de l'axe
de la fougasse. Des pierres tombèrent à 144 mètres de la mine;
la portée moyenne fut d'environ 80 mètres, bien que les pierres blanches très-tendre, eussent été en partie écrasées.

Cependant, il est à remarquer que dans cette expérience,
les pierres ont été dispersées comme elles le sont généralement, dans le jeu des fougasses-pierriers de l'ancien modèle,
ayant des joues et une tête en surplomb.

III.

*Extrait du rapport sur les travaux pratiques exécutés
par le régiment du génie pendant la campagne de
1871, sous la direction du lieutenant-colonel Montegnie.*

FOUGASSES.

« Trois fougasses ont été expérimentées :

« 1° La fougasse ordinaire;

« 2° La fougasse prussienne, qui n'est autre chose qu'un
« rameau à la hollandaise dont l'axe est incliné à 45°;

« 3° La fougasse du capitaine Piron.

« Ces trois fougasses ont été construites dans les mêmes
« conditions.

« La ligne de tir était inclinée à 45°. La charge de poudre
« qui était de 12 kilogrammes, a été placée à 1^m,40 au-dessous
« du sol. Le plateau en bois de chêne, avait 0^m,75 de côté et
« 0^m,15 d'épaisseur.

« La charge (chargement) composée de pierres irrégulières
« était la même en volume; mais par suite du manque de ma-
« tériaux, on a dû employer des pierres de densités diffé-
« rentes.

« Le poids de la charge (chargement) était de :

« 627 kilogrammes pour la fougasse ordinaire;

« 986   id.   id.   prussienne;

« 740   id.   id.   Piron.

« Voici le temps exigé pour l'exécution de chacune de ces
« fougasses, chargement compris :

« Fougasse ordinaire, 3 h. 30′ et 4 hommes;

« Fougasse prussienne, 2 h. 40′ et 2 hommes;

« Fougasse Piron, 1 h. 55′ et 2 hommes.

RÉSULTATS.

DÉSIGNATION des FOUGASSES.	Poids du chargement.	NATURE du CHARGEMENT.	Distance du centre de la gerbe à la fougasse	Portées maxima.	DÉVIATIONS	
					à gauche de l'axe.	à droite de l'axe.
	k.		m.	m.	m.	m.
Fougasse ordinaire.	627	Pierres blanches	80	250	55	70
» prussienne.	986	Pierres bleues	70	450	46,50	45
» Piron.	740	Briquaillons (1)	50	90	41	22

« La différence qui existait dans la nature des matériaux
« employés pouvait avoir exercé une grande influence sur
« les résultats obtenus; on résolut donc de faire de nouvelles
« expériences en employant des briques neuves pour la charge
« (chargement); et afin de bien se rendre compte de l'influence
« des joues et de la tête des fougasses ordinaires, on établit
« les trois fougasses dans un talus à 45°. Comme le terrain
« était assez mauvais (circonstance qui peut se présenter sou-
« vent), il a fallu un temps relativement assez long pour cons-

(1) Les briquaillons provenant de briques très-tendres, furent en partie
écrassés par le choc, et perdirent notablement de leur vitesse.

« truire la fougasse prussienne et surtout la fougasse ordi-
« naire, tandis qu'il n'a fallu que quelques minutes pour
« préparer l'emplacement de la boîte et du plateau de la fou-
« gasse Piron.

« Il est à remarquer que sous le rapport du temps exigé
« pour la construction, la fougasse Piron a toujours l'avan-
« tage, et que cet avantage est d'autant plus grand que le
« terrain est plus mauvais.

« Dans ces nouvelles expériences, il a fallu pour la cons-
« truction :

« De la fougasse ordinaire, 8 h. 00′ et 4 hommes;
« De la fougasse prussienne, 4 h. 00′ et 2 hommes;
« De la fougasse Piron, 0 h. 20′ et 2 hommes.

« La charge de poudre était de 10 kilogrammes. La charge
« proprement dite (chargement), se composait de briques
« neuves et pesait 720 kilogrammes.

RÉSULTATS.

DÉSIGNATION des FOUGASSES.	Poids du chargement.	NATURE du CHARGEMENT.	Distance du centre de la gerbe à la fougasse	Portées maxima.	DÉVIATIONS	
					à gauche de l'axe.	à droite de l'axe.
	k.		m.	m.	m.	m.
Fougasse ordinaire.		Briques neuves	(Les briques sont trop dispersées.	164	70	75
» prussienne.	720(1)	et	105	175	40	18
» Piron.		très-cuites.	105	122	56	20

« En présence de ces résultats et en se rappelant que les
« fougasses en général agissent surtout moralement, on est

(1) Non compris le poids du plateau, 84ᵏ environ.

« tenté de donner la préférence à la fougasse Piron, au moins
« quand on dispose pour le chargement de matériaux bien
« réguliers. Toutefois, on propose d'expérimenter de nouveau
« cette fougasse pendant la campagne de 1872. (1)

« *Le lieutenant-colonel, directeur des travaux pratiques,*
« (Signé) **MONTEGNIE.** »

REMARQUE.

En analysant les données de cette dernière fougasse au
moyen de notre formule générale

$$C = \frac{P \times m}{10,000}$$

on trouve que si l'on fait $P = 720 + 84 = 804^k$; $X = 103^m$,
et $m = 1,184$, on obtient

$$C = \frac{804 \times 103 \times 1,184}{10,000} = 9^k,994$$

c'est-à-dire la charge de 10 kilogrammes à 6 grammes près.
La valeur prise pour m est celle qui convient pour un mauvais
terrain, d'après la formule générale de la page 48. Dans un
milieu consistant, la charge de $8^k,442$ aurait suffi.

En effet, si l'on consulte le tableau des charges de poudre
et des chargements de projectiles (page 48 *bis*), on trouve que
la charge de 8^k correspond à un chargement de 800^k pour une
portée moyenne de 100^m.

Nous signalons cette coïncidence afin de montrer l'accord
qui existe entre la pratique et notre théorie, et de justifier
ainsi la confiance que nous avons dans nos formules.

(1) Voir la note à la page 100.

IV.

RÉCAPITULATION DES PRINCIPES ET DES FORMULES PRATIQUES
RELATIFS AUX FOURNEAUX PROJETANTS.

Afin de donner au lecteur le résumé des questions que nous venons d'étudier, nous présenterons ici la récapitulation des principes et des formules pratiques que nous avons démontrés.

PRINCIPES.

1° Parmi les fourneaux de mêmes charges, le fourneau à ras du sol est celui qui développe la plus grande force de projection;

2° Dans les fourneaux projetants *semblables*, les portées théoriques sont constantes;

3° Pour la fougasse-pierrier type, la charge est égale au poids du chargement divisé par le double de la portée théorique. (Voir page 42).

$$C = \frac{P}{2\,X}$$

Mais, dans la pratique, la portée réelle diffère sensiblement de la portée théorique.

FOUGASSES-PIERRIERS.

4° Pour lancer le chargement P à une distance moyenne de :

$$50^m \text{ la charge a pour valeur,} \quad C = \frac{P}{150}$$

$$100^m \quad \text{id.} \quad \text{id.} \quad C = \frac{P}{100}$$

$$150^m \quad \text{id.} \quad \text{id.} \quad C = \frac{P}{50}$$

MINES DE PROJECTIONS.

5° Pour lancer le projectile P à une distance moyenne de :

$$300^m \text{ la charge a pour valeur,} \quad C = \frac{P}{30}$$

$$400^m \quad \text{id.} \quad \text{id.} \quad C = \frac{P}{25}$$

$$500^m \quad \text{id.} \quad \text{id.} \quad C = \frac{P}{20}$$

$$700^m \quad \text{id.} \quad \text{id.} \quad C = \frac{P}{15}$$

$$900^m \quad \text{id.} \quad \text{id.} \quad C = \frac{P}{10}$$

FORMULES GÉNÉRALES DONNANT LES CHARGES DES FOURNEAUX PROJETANTS.

6° La formule suivante donne la charge pour un fourneau projetant quelconque :

$$C = \frac{P \, X \, m}{10{,}000 \, sin \, 2\,\alpha}$$

7° Pour le tir à 45°, et un bon terrain, cette formule devient

$$C = \frac{P \, X}{10{,}000}$$

8° Les valeurs de m, dans un même milieu, sont plus grandes pour les petites charges que pour les grandes charges, parce que la force expansive des gaz de la poudre est proportionnelle au cube du côté de la boîte cubique, tandis que la résistance du sol ne s'exerce contre les faces de la boîte cubique qu'en raison du carré du côté de cette boîte;

9° Pour calculer la charge de poudre en fonction du volume du chargement, on remplace le poids P par le volume V des projectiles, multiplié par la pesanteur spécifique φ des matériaux employés. On trouve ainsi :

$$C = \frac{V \varphi \times m}{10,000 \sin 2\alpha}$$

ou bien, pour 45°

$$C = \frac{V \varphi \times m}{10,000}$$

En posant $\varphi = 1000$, les deux formules ci-dessus deviennent :

$$C = \frac{V \times m}{10 \sin 2\alpha}$$

et

$$C = \frac{V \times m}{10}$$

10° Le côté c du plateau carré, dans les fourneaux projetants doit être égal à sept fois environ le côté B de la boîte cubique contenant la charge de poudre : $c = 7 B$;

11° Quand le fourneau projetant doit être établi en plaine, le volume V de terre à déblayer est égal au cube du côté du plateau : $V = (7 B)^3$;

JET DES BOMBES CAPTIVES.

12° La longueur R de la corde pour jeter une bombe captive est égale aux trois-quarts du demi-paramètre p de la trajectoire que décrirait la bombe libre : $R = 0,75\ p$;

13° La section A de la corde est exprimée en millimètres carrés, par la moitié du poids P de la bombe en kilogrammes : $A = 0,50\ P$;

14° Le diamètre D de la corde, en millimètre, doit être égal à la racine carrée du poids P de la bombe en kilogrammes :
$$D = \sqrt{P}.$$

CONCLUSION.

Les considérations théoriques et pratiques à l'aide desquelles nous avons établi les rapports qui existent entre le nouveau type et l'ancien modèle de fourneaux projetants font voir clairement la supériorité du nouveau système sur l'ancien.

Nous croyons que cette supériorité est incontestable, parce que si dans les anciennes fougasses les portées extrêmes paraissent être plus grandes que dans les fougasses du nouveau type, ces dernières dispersent moins les projectiles et produisent un tir plus efficace; et, qu'en général, les fougasses du nouveau type exigent huit (8) à dix (10) fois moins de travail que n'en demandent les fougasses de l'ancien modèle.

Par conséquent, nous sommes en droit de conclure que si l'on veut rendre les mines projetantes réellement pratiques, IL FAUT RENONCER AUX ENTONNOIRS PRÉALABLES ET ADOPTER LES FOURNEAUX A BASE DU TALUS.

FIN.

ADDITION.

NOTE SUR LES FOURNEAUX A RASE DU SOL.

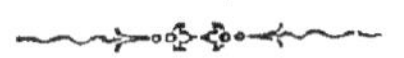

Nous pensons que les fourneaux à rase du sol sont une innovation qui mérite d'être examinée au point de vue du parti qu'on pourrait en tirer soit dans la guerre des mines, soit dans l'interruption des voies ferrées.

Aucun auteur, à notre connaissance, ne fait mention dans ses écrits que des expériences aient été faites sur ce genre de fourneaux. Aussi n'est-il pas rare d'entendre émettre des doutes ou exprimer des opinions erronées sur les propriétés des fourneaux à rase du sol.

Sans rien préjuger sur les applications qui en seront faites, dans l'avenir, nous croyons utile de faire connaitre que l'expérience s'accorde avec la théorie pour démontrer que ces fourneaux sont ceux qui possèdent la plus grande puissance de projection, et qu'ils produisent des entonnoirs paraboliques assez bien marqués pour ne laisser aucun doute sur leur formation par les trajectoires moléculaires conformément à l'hypothèse que nous avons adoptée.

Jusqu'à ce jour nous possédons les données de quatre fourneaux à rase du sol, ayant joué dans des conditions qui permettent de remarquer la constance des effets que nous avons invoqués pour servir de base à notre nouveau type de mines projetantes.

Ces quatre fourneaux sont représentés dans la planche III ci-jointe, par les figures *A*, *B*, *C* et *D*.

Fourneau A. — Le premier fourneau à rase du sol qui fut expérimenté est celui que nous fîmes jouer le 21 juillet 1869, et dont nous avons rendu compte dans une notice autographiée le 25 juillet de la même année.

Le terrain était sablonneux. La boîte cubique en planches de bois blanc de $0^m,035$ d'épaisseur, avait $0^m,38$ de côté, et pouvait contenir 50^k de poudre; mais comme on ne disposait que de $37^k,500$, il s'est trouvé au-dessus de la poudre un vide de $0^m,10$ de hauteur, qui fut comblé au moyen de gazons. Cette circonstance porta la ligne de *M. R.* à $0^m,24$, y compris l'épaisseur du couvercle de la boîte.

L'explosion fit un très-grand bruit, cassa des vitres dans les habitations situées à 250^m de distance, et produisit une grande gerbe qui s'éleva verticalement à environ 50 mètres. L'entonnoir était entièrement déblayé et présentait une belle surface sensiblement parabolique recouverte d'une couche de poussière de quelques centimètres d'épaisseur.

La figure *A* représente la coupe de cet entonnoir, qui fut levé immédiatement après l'explosion, et dont l'évasement correspondait à $n = 8$.

Fourneau B. — Ce fourneau faisait partie d'un groupe de *torpedos* terrestres que M. le capitaine Vanden Bogaert fit jouer le 8 octobre 1869, en présence de M. le lieutenant-général Leclercq, inspecteur-général des fortifications et du corps du génie.

Nous avons relevé ce fourneau. Le terrain était de sable mêlé de coquiller argileux disposé par couches horizontales de nuances variées et peu épaisses.

Après avoir fait pratiquer une tranchée dont un des côtés passait à travers l'entonnoir de manière à en présenter la coupe méridienne, nous fûmes à même de constater l'état des couches du terrain; et comme ces couches étaient interrompues suivant l'excavation, nous pûmes vérifier que l'entonnoir était bien dû à l'enlèvement des terres, et non à la compression des couches qui, dans ce cas, n'eussent pas été interrompues, mais auraient suivi la courbe du fond de l'entonnoir.

La charge de 16^k était contenue dans une boîte cubique de $0^m,26$ de côté, formée de planches de sapin de $0^m,02$ d'épaisseur. En comptant l'épaisseur du couvercle de la boîte, la ligne de *M. R.* était de $0^m,15$. L'évasement de l'entonnoir correspondait à $n = 9$.

Fourneau C. — Ce fourneau a joué le 13 août 1872, à l'occasion de la visite annuelle des élèves de l'école d'application au polygone du régiment du génie.

L'emplacement choisi présente un terrain formé de sable et d'argile ferrugineuse. La charge était de 15^k.

Les parois de la boîte cubique en chêne avaient $0^m,04$ d'épaisseur; elles étaient assemblées au moyen de fortes vis à bois. La ligne de *M. R.*, au lieu d'être égale à $0^m,1275$, moitié du côté de la boîte, était égale à $0^m,17$ environ.

Ce fourneau a reproduit les phénomènes déjà observés dans les deux autres fourneaux.

L'évasement correspondait à $n = 7,65$ seulement, par suite de l'augmentation de la ligne de *M. R.*, qui résultait de la grande épaisseur du couvercle de la boîte.

Fourneau D. — Désirant se rendre compte de l'influence que peut avoir sur le jeu du fourneau un excès de solidité dans la boîte cubique, le directeur des travaux pratiques ordonna l'exécution d'un nouveau fourneau à rase du sol pour lequel on prépara une boîte cubique en planches de sapin de $0^m,025$, simplement réunies entre elles par des pointes de Paris.

Le terrain choisi présente une couche de terre végétale sablonneuse de 0ᵐ,45 environ d'épaisseur, reposant sur une couche horizontale d'argile d'une épaisseur indéfinie.

Cinq cubes en bois de 0ᵐ,10 de côté avaient été incrustés dans les parois du fourneau, l'un dans le fond et les quatre autres respectivement dans les faces latérales.

La charge était de 13ᵏ,600 et la ligne de *M. R.* avait 0ᵐ,145, y compris l'épaisseur du couvercle.

Le gazon avait été enlevé sur toute la surface du sol comprise dans un cercle d'environ 3 mètres de diamètre, concentrique à l'entonnoir que le fourneau devait produire.

Quatre piquets avaient été plantés aux extrémités de deux diamètres en croix, et nivelés par rapport au repère pris sur une borne en pierre du voisinage.

Toutes ces mesures ont été prises par M. le capitaine Van Noorbeeck, sous la direction de M. le lieutenant-colonel Bralion, et en présence de plusieurs capitaines du régiment.

L'expérience avait un double but : vérifier si l'excès de solidité de la boîte à poudre était nécessaire, et observer les changements de position que les cubes recevraient par suite de l'explosion.

Le fourneau *D* a joué le 14 août 1872, en produisant un grand bruit et un effet d'explosion vertical d'une puissance très-considérable.

L'entonnoir obtenu se présentait dans les mêmes conditions que ceux déjà décrits; et l'on pourrait même croire que l'excès de résistance de la boîte est plus nuisible qu'utile, car au dire des officiers présents, le fourneau *D* a mieux joué que le fourneau *C* de la veille.

Un des cubes latéraux s'est trouvé rejeté sur le sol à environ un mètre de l'entonnoir; deux autres cubes étaient retombés dans l'excavation portant chacun, sur une de leurs faces, un appendice d'argile façonné comme une portion d'onglet parabolique. Le cube du fond est descendu verticalement suivant l'axe du fourneau jusqu'à la profondeur de 0m,75, limite assez rapprochée du quart de paramètre du paraboloïde correspondant.

Un coup de niveau donné par M. le capitaine Van Noorbeeck, a démontré que les piquets étaient restés à la même hauteur, et que, par conséquent, le terrain formant les lèvres de l'entonnoir ne s'était ni élevé ni abaissé.

Enfin, une tranchée que nous avons fait pratiquer à travers l'entonnoir, a démontré que la couche d'argile était restée horizontale, que la densité du terrain n'avait pas varié, et que l'excavation est due à l'enlèvement et à la projection des terres et nullement à la compression du sol.

TABLEAU DES RÉSULTATS OBTENUS DANS LES FOURNEAUX
A RASE DU SOL.

Désignation des fourneaux.	Poids de la charge.	Ligne de M. R. y compris le couvercle de la boite.	Rayon d'entonnoir.	Valeurs de n.	Demi-paramètre du paraboloïde.	Rayon sous-horizontal à 45°.	Valeurs de n en ne tenant pas compte de l'épaisseur du couvercle de la boite.
	k.	m.	m.		m.	m.	
A	37,500	0,240	1,92	8,00	1,69	0,99	13,71
B	16,000	0,150	1,35	9,00	1,21	0,71	10,39
C	15,000	0,170	1,30	7,65	1,14	0,66	10,83
D	13,600	0,145	1,20	8,28	1,06	0,62	10,00

OBSERVATION.

On remarquera, sans doute, qu'aucun de ces fourneaux n'a donné rigoureusement l'évasement théorique correspondant à $n = 14$; mais on doit également remarquer que pas un seul de ces fourneaux n'a joué dans la terre ordinaire, et que tous ont donné un évasement bien supérieur aux limites admises jusqu'ici par les mineurs. En outre, on ne perdra pas de vue que par suite de l'épaisseur du couvercle de la boite dont la surface supérieure arasait le sol, toutes les lignes de $M. R.$ se sont trouvées plus grandes que la moitié du côté de la boite cubique contenant la charge.

Quoiqu'il en soit, on reconnaîtra sans peine la réalité de l'opinion que nous avons émise d'autre part sur les valeurs supérieures de n.

Du reste, si l'on tient compte des difficultés matérielles que présente l'exécution d'un fourneau destiné à produire un entonnoir présentant un évasement rigoureux, pour une valeur de n donnée, on sera convaincu que nos prévisions théoriques s'approchent assez des résultats de la pratique pour qu'on les admette parmi les questions dignes d'être étudiées au polygone; d'autant plus que la puissante projection verticale que produisent les fourneaux à rase du sol dénote la forme parabolique de leurs entonnoirs; et que ceux-ci étant généralement vidés, ils sont très-favorables aux recherches qui restent encore à faire sur le travail mécanique consommé dans les effets généraux de l'explosion.

ERRATUM.

Page 35, deuxième ligne du tableau, pour les valeurs de X_{14}, lisez 88,404 au lieu de 84,404.

TABLE DES MATIÈRES

DEUXIÈME PARTIE.

Exécution des Fougasses et des Mines de projection.

TROISIÈME PARTIE.

Jet des Bombes captives.

QUATRIÈME PARTIE.

Documents, formules et données d'expérience sur les fourneaux projetants.

ADDITION.

FOUGASSES INSTANTANÉES.

NOUVEAUX TYPES DE MINES PROJETANTES

proposés par le Capitaine du Génie F.P.J. PIRON.

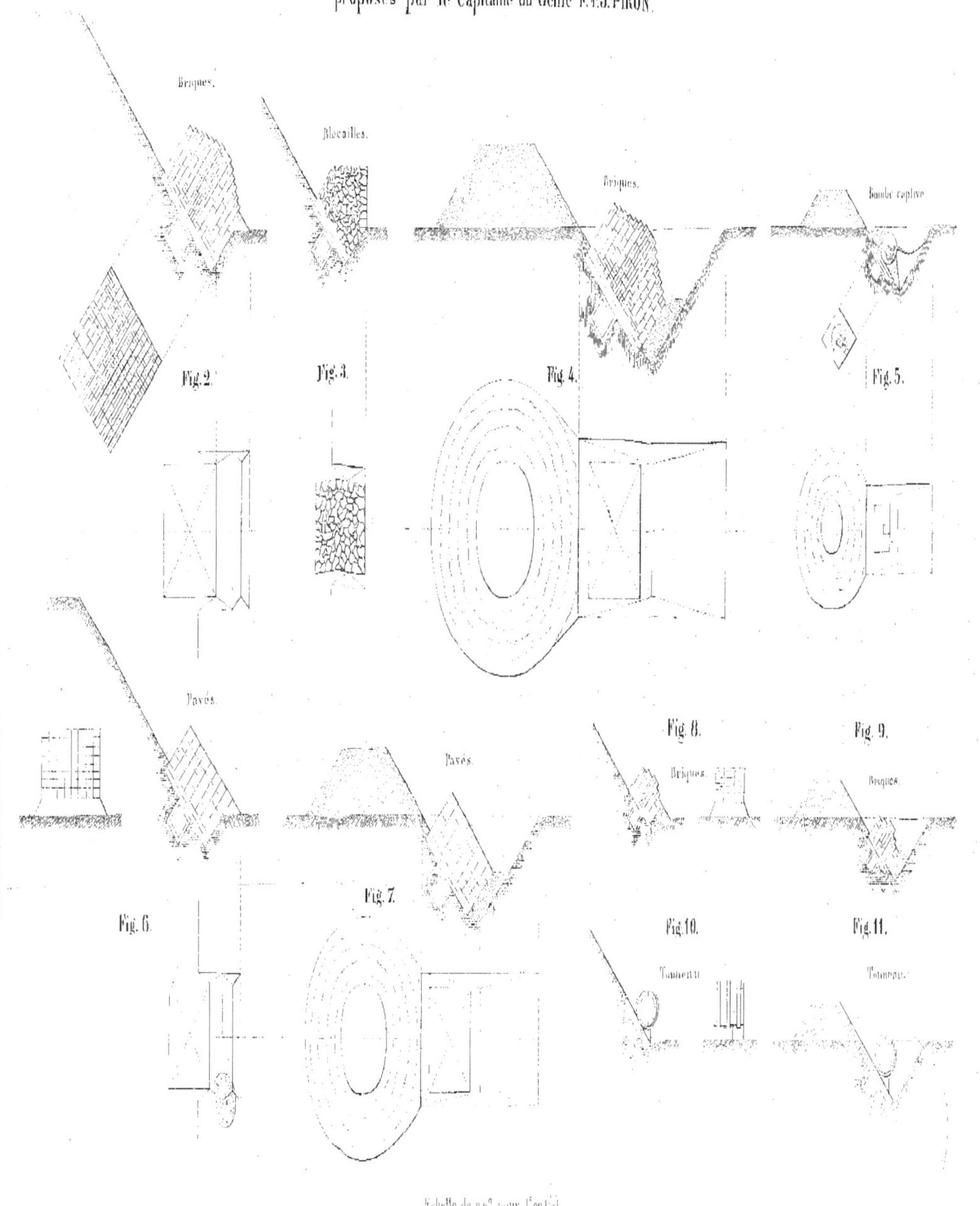

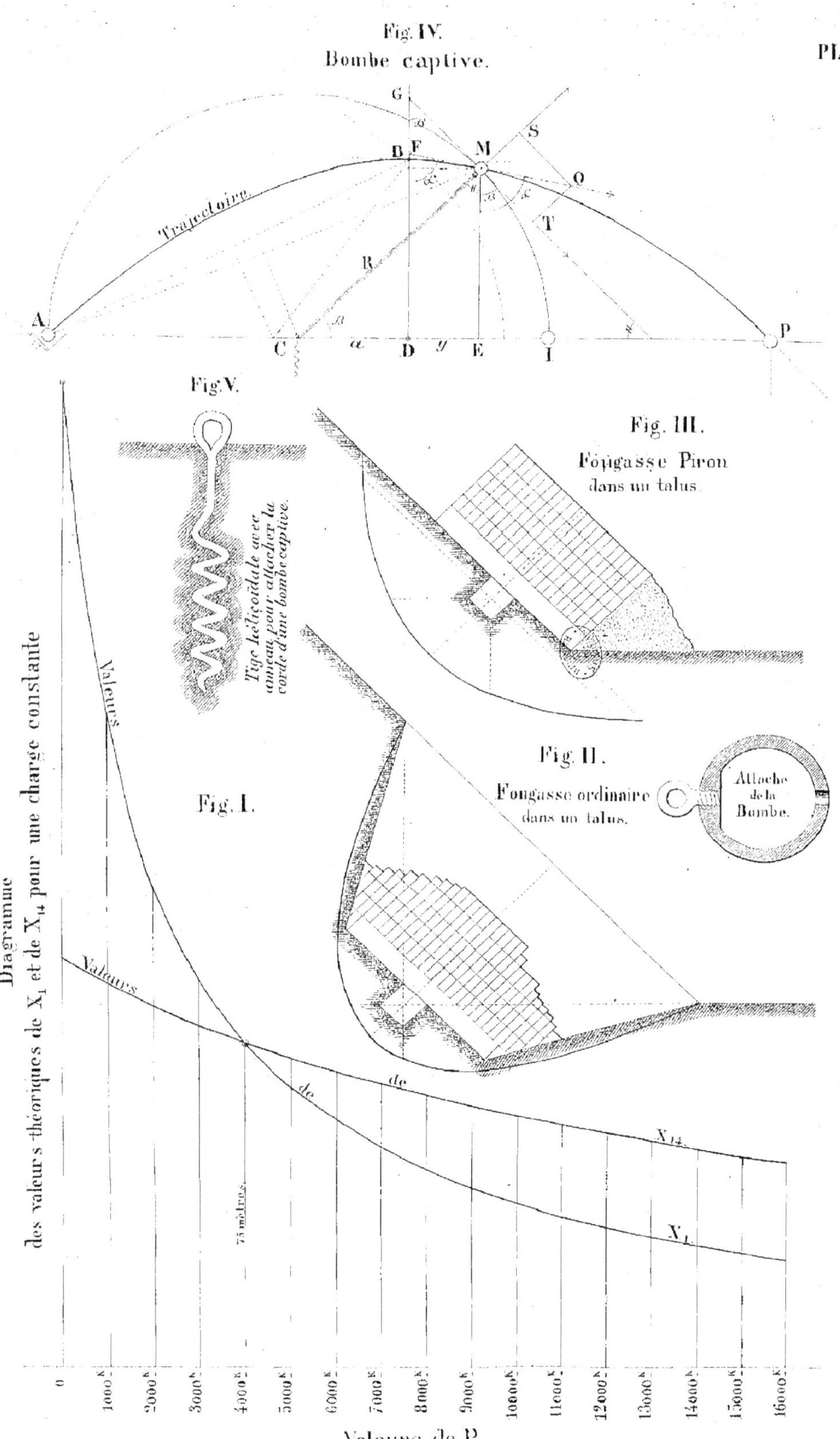

Fig. IV.
Bombe captive.
PL. II.
G
S
B F M
O
Trajectoire
T
R
A
P
C a D g E I
Fig. V.
Fig. III.
Fougasse Piron
dans un talus.
Tige hélicoïdale avec
anneau pour attacher la
corde d'une bombe captive.
Fig. II.
Fig. I.
Fougasse ordinaire
dans un talus.
Attache
de la
Bombe.
Diagramme
des valeurs théoriques de X_1 et de X_{14} pour une charge constante
Valeurs
Valeurs
de
de
75 mètres.
X_{14}
X_1
0
1000ᵏ
2000ᵏ
3000ᵏ
4000ᵏ
5000ᵏ
6000ᵏ
7000ᵏ
8000ᵏ
9000ᵏ
10000ᵏ
11000ᵏ
12000ᵏ
13000ᵏ
14000ᵏ
15000ᵏ
16000ᵏ
Valeurs de P.

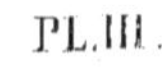

FOURNEAUX A RASE DU SOL.

Fourneau A. ($\frac{1}{20}$).

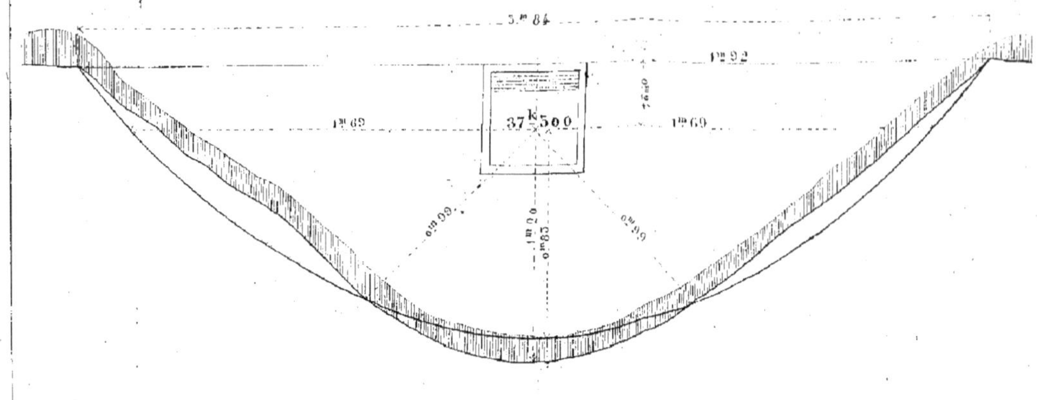

Fourneau B. ($\frac{1}{20}$).

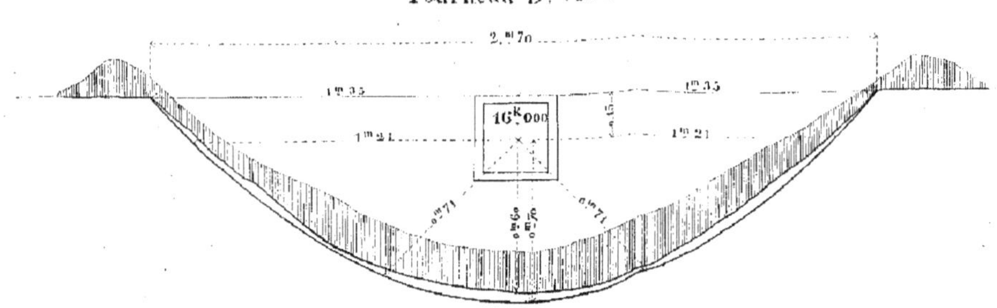

Fourneau C. ($\frac{1}{20}$).

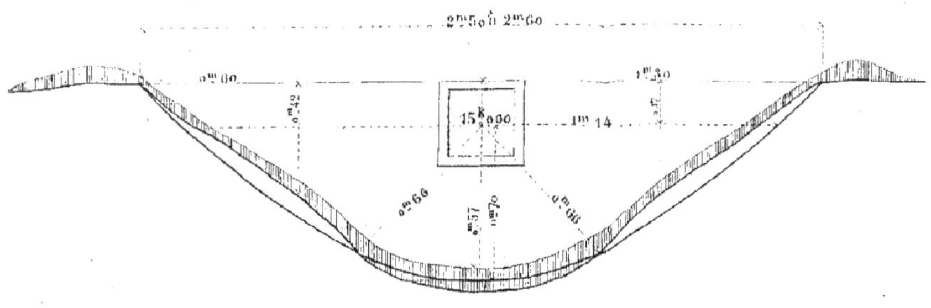

Fourneau D. ($\frac{1}{20}$).

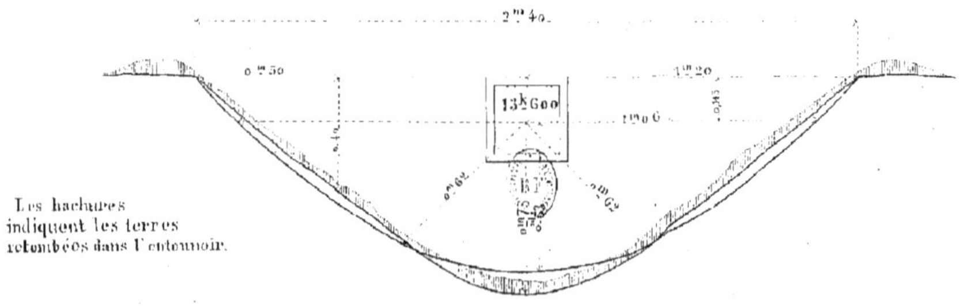

Les hachures
indiquent les terres
retombées dans l'entonnoir.

Ouvrages du même auteur :

Études sur un nouveau système de canon de place-côte. 1857, br. in-4 avec 2 planches. . . . . fr. 2 75

Suite aux études sur un nouveau système de canon de place-côte. 1857, brochure in-4. . . . . fr. 1 25

Essai de fortification éclectique ou la défense mise en rapport avec la tactique moderne et les besoins de la civilisation. 1859, 1 vol. in-8, avec 23 planches. . . . . fr. 7 50

Études sur les batteries casematées et sur une nouvelle bouche à feu. 1860, brochure in-8, avec 2 planches . . . . fr. 2 50

Études sur les canonnières cuirassées, leur puissance, leur rôle et sur les moyens de les combattre. 1862, broch. in-8 avec 3 pl. fr. 3 00

Essai sur l'emploi du fer dans la fortification, les défenses accessoires et les mines. 1862, brochure in-8 avec 3 planches . . . fr. 4 00

Les Escarpes en terre et les Revêtements en maçonnerie, 1862, brochure in-8° avec une planche. . . . . fr. 2 00

Étude historique et critique sur les places fortes et sur les sièges modernes. 1862, brochure in-8. . . . . fr. 2 50

Projets de coupoles tournantes, de batteries cuirassées locomobiles et d'un dispositif d'artillerie pour les tours en fer. 1863, brochure in-8° avec 2 planches . . . . fr. 3 00

Projets de ponts mobiles militaires pour les sorties à large section des grandes places de guerre. 1863, br. in-8° avec 6 pl. . fr. 4 00

Projet de pont glissant pour les communications militaires. — 1863, brochure in-8° avec planche. . . . . fr. 1 50

Lettres sur le camp retranché d'Anvers, 1863, br. in-8°. fr. 1 50

Mémoire sur un pont roulant simplifié 1863, brochure in-8° avec planche. fr. 1 50

Les Systèmes de fortification comparés. 1863, brochure in-8° avec 2 planches . . . . fr. 3 00

Essai de Fortification improvisée. 1864, brochure in-8° avec 4 planches. . . . . fr. 6 00

Pont tombant à crochets. 1864, br. in-8° avec une pl. . . fr. 1 25

Projet de pont roulant sur rouleau. 1864, br. in-8°, une pl. fr. 1 50

Projet d'Hôpital Militaire, 1865, br. in-8° avec 3 pl. . . fr. 4 00

Essai sur la défense des eaux et sur la construction des barrages, 1866, br. in-8° avec 4 pl. . . . . fr. 6 00

Manuel théorique du mineur, nouvelle théorie des mines, 1868, un vol. in-8° avec pl. . . . . fr. 12 00

Le bombardement et la fortification moderne, 1872, br. in-8° avec 7 pl. . . . . fr. 8 00